Cornelia Mayer

Skill-Management-Systeme - eine Einführung

GRIN - Verlag für akademische Texte

Der GRIN Verlag mit Sitz in München hat sich seit der Gründung im Jahr 1998 auf die Veröffentlichung akademischer Texte spezialisiert.

Die Verlagswebseite www.grin.com ist für Studenten, Hochschullehrer und andere Akademiker die ideale Plattform, ihre Fachtexte, Studienarbeiten, Abschlussarbeiten oder Dissertationen einem breiten Publikum zu präsentieren.

Dokument Nr. V78732 aus dem GRIN Verlagsprogramm

Cornelia Mayer

Skill-Management-Systeme - eine Einführung

GRIN Verlag

Bibliografische Information der Deutschen Nationalbibliothek: Die Deutsche Bibliothek verzeichnet diese Publikation in der Deutschen Nationalbibliografie; detaillierte bibliografische Daten sind im Internet über http://dnb.d-nb.de/ abrufbar.

1. Auflage 2006
Copyright © 2006 GRIN Verlag
http://www.grin.com/
Druck und Bindung: Books on Demand GmbH, Norderstedt Germany
ISBN 978-3-638-85463-4

Skill-Management-Systeme

Große Studienarbeit

im Wahlpflichtmodul 2

Studiengang Wirtschaftsinformatik

Hochschule der Medien Stuttgart

Cornelia Mayer

Stuttgart, August 2006

Kurzfassung

Das Wissen der Mitarbeiter gehört heute zu den wertvollsten Ressourcen im Unternehmen. Organisationen mit vielen Mitarbeitern verlieren jedoch schnell den Überblick über die Qualifikationen und Fähigkeiten des Einzelnen. So werden vorhandene Potentiale nicht ausgeschöpft und Wissenslücken bleiben unentdeckt. Skill-Management-Systeme helfen dabei das Wissen der Mitarbeiter zu verwalten.

Diese Studienarbeit setzt sich mit den Grundlagen eines Skill-Management-Systems auseinander, beschreibt den Aufbau, das Einsatzgebiet, Stärken sowie Schwächen dieser Systeme.

Schlagwörter: Skill, Skill-Management, Skill-Management-Systeme, Skill-katalog

Abstract

Today knowledge of the employees is one of the most valuable resource for organisations. In companies with lot of workers, it is often impossible to have an overview of the qualifications and competencies they own. Existing potentials and knowledge-gaps remain undetected. Skill management systems may help to administrate their knowledge.

This assignment shows the basics, the domain, the strengths and flaccidities of skill management systems.

Keywords: skill, skill management, skill management systems, skillcatalogue

Inhaltsverzeichnis

Abbildungsverzeichnis

Tabellenverzeichnis

1 Einleitung

Zunehmend wird von Unternehmen erkannt, dass die Ressource Wissen zu einen immer wichtigeren Erfolgsfaktor in der heutigen Marktwirtschaft wird. Zurückzuführen kann die steigende Bedeutung Wissen nach NORTH auf drei Triebkräfte: der strukturelle Wandel, die Informations- und Kommunikationstechnologie und die Globalisierung.

Die Umgebung der technologisierten Volkswirtschaften wandelt sich von einer arbeitsintensiven zu einer wissensintensiven Gesellschaft. Vermehrt werden auch immaterielle Güter wie Informationen und Wissen verkauft.

Des weiteren führt eine voranschreitende Internationalisierung der Märkte dazu, dass mehr Wettbewerber aufeinander treffen, daraus resultieren kürzere Reaktionszeiten und eine Neuorganisation der Arbeitsteilung. In Folge dessen werden arbeitsintensive Wertschöpfungsaktivitäten in Schwellen- und Entwicklungsländer ausgelagert.

Diese Entwicklung wird weiter durch die Informations- und Kommunikationstechnologie beschleunigt. Neue Technologien verkürzen Transaktionen und lassen neue Arbeitsformen entstehen.[1]

Diese Entwicklungstendenzen spüren vor allem Unternehmen, die maßgeschneiderte Produkte, beispielsweise im Dienstleistungssektor, anbieten. Güter dieser Art zeichnen sich durch eine hohe Wissensintensität aus. Wissen selber ist personenungebunden, gewinnt an Wert wenn es genutzt wird und liegt entweder in den Köpfen der Mitarbeiter oder artikuliert vor.[2]

Es gilt daher für eine wissensorientierte Unternehmensführung einerseits den Wissensstand der einzelnen Personen zu externalisieren, um eventuelle Lücken, neue Potentiale und Chancen zu entdecken und andererseits muss erschlossenes Wissen auch wieder dokumentiert werden.[3]

Da durch den Wissensträger „Mitarbeiter" und seine Fähigkeiten neue Geschäftsfelder entdeckt und dadurch Wettbewerbsvorteile erlangt werden können, wird auch *„implizites Wissen zunehmend als Ressource begriffen."*[4]

---

[1] vgl. North, K., 2002, Seite 14 - 15
[2] vgl. North K., 2002, Seite 27 - 29
[3] vgl. North K., 2002, Seite 46 - 50
[4] Gronau N., Uslar M., 2004, Arbeitsbericht WI

Unternehmen mit vielen Mitarbeitern stoßen allerdings schnell an ihre Grenzen, wenn es um das Auffinden von Fachleuten oder das Zusammenstellen von Projektteams geht. Hier können Skill-Management-Systeme erfolgreich eingesetzt werden, um den Arbeitsalltag zu erleichtern, den Personaleinsatz aktuell und zukünftig zu steuern.[5]

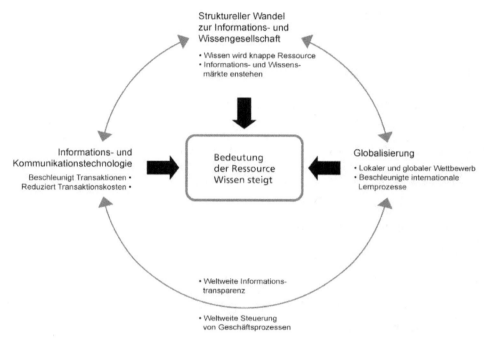

Abbildung 1: Drei Triebkräfte steigern die Bedeutung der Ressource Wissen[6]

---

[5] vgl. Gronau N., Uslar M., 2004, Arbeitsbericht WI

[6] Bildquelle: North K., 2002, Seite 15

2 Arbeitsdefinitionen und Grundlagen

Um das Themengebiet der Skill-Management-Systeme einzuleiten, werden zunächst für eine bessere Verständlichkeit die Skills und das Skill-Management im Allgemeinen betrachtet und kurz vorgestellt. Im Anschluss folgt eine Abgrenzung des Skill-Managements von den Disziplinen Wissensmanagement und Informationsmanagement.

2.1 Arten von Skills

Der englische Begriff „Skill" bedeutet übersetzt Fachkönnen, Fertigkeit, Geschick oder auch Qualifikation. Weiter werden auch Kenntnisse, Erfahrung und soziale Kontakte eines Mitarbeiters als Skill zusammengefasst.

Skills setzen sich aus einer objektiven Qualifikationskomponente und einer subjektiven Qualifikationskomponente zusammen. Eine Person, die beispielsweise die Aufgabe hat Motoren zu entwickeln, muss sowohl theoretische Kenntnisse über den Aufbau von Motoren als auch über praktische Fähigkeiten besitzen.[7]

Nach KREMER[8] werden in vielen Unternehmen neben den Stammdaten eines Mitarbeiters und dessen Einordnung in die Unternehmensstruktur unterschiedliche Skills in zwei Klassen *„nach der Dynamik und nach der Gebundenheit an eine bestimmte Person"*[9] unterteilt.

Allgemeine Skills sind in der Regel statisch und personengebunden. Hierunter fällt zum Beispiel die Art der Beschäftigung (Festanstellung, Teilzeit, Freiberufler, Auszubildender) und Daten zur Schul- und Berufsausbildung oder Studium.

Prozess- und Projektbezogene Skills sind dynamisch, da Mitarbeiter an verschieden Projekten oder Arbeitsgemeinschaften eingesetzt werden können. Sie sind ebenso personengebunden, jeder Mitarbeiter lernt Neues dazu und kann sein Wissen vertiefen.

Weiter gibt es *Kontaktskills*, die aufzeigen welcher Mitarbeiter mit welchen Lieferanten und Kunden in Verbindung steht. Sie sind dynamisch, da sich Kontakte mit der Zeit verändern können.

---

[7] vgl. Zobel J., 2003, Seite 23
[8] vgl. Kremer R., 2004, Seite 48 - 49
[9] Kremer R., 2004, Seite 49

Zu den personenungebundenen Skills gehören nur die *Anforderungsskills*, diese sind unabhängig von Kenntnissen und Fähigkeiten eines Individuums. Hierbei handelt es sich zum Beispiel um Stellenausschreibungen.[10]

2.2 Skill-Management Begriffserklärung und Einordnung

In Zeiten zunehmender Globalisierung und dem daraus resultierenden Konkurrenzdruck wird flexibles, leistungsorientiertes Handeln immer wichtiger um den steigenden Wünschen und Erwartungen der Kunden gerecht zu werden und um sich von Wettbewerbern abzuheben. Maßgeschneiderte Güter und Dienstleistungen erzwingen eine anpassungsfähige Wertschöpfungskette und eine schnelle Reaktionszeit bezüglich wirtschaftlicher Veränderungen.

Durch die Steigerung von Kompetenzen und Fähigkeiten der Mitarbeiter, erhoffen sich viele Unternehmen einer folglichen Komplexitätssteigerung in der Leistungserstellung entgegen zu wirken.[11]

> *Die Bewirtschaftung fachlichen Könnens von Mitarbeitenden (engl. Skill-Management) unterstützt die ressourcenorientierte Sicht durch Identifikation, Bewertung und Visualisierung der in einem Unternehmen vorhandenen Kenntnisse und Kompetenzen.*[12]

Nach GERBERT/KUTSCH steht das Verwalten von Fachkompetenzen der Mitarbeiter im Mittelpunkt von Skill-Management.[13]

In der Literatur wird oft Skill-Management und Kompetenzmanagement synonym verwendet. „Competences" der englische Begriff enthält im engeren Sinne „skills", „knowledge" und „behavior". Skills jedoch repräsentieren das fachliche und methodische Wissen einer Person, dagegen bedeutet Kompetenz

> *[...] die Fähigkeit zur selbstorganisierten Lösung eines Problems.*[14]

Folglich erfasst Skill-Management keine Kompetenzen, da lediglich Informationen über Skills der Mitarbeiter gesammelt und ausgewertet werden. Deswegen wird in der vorliegenden Studienarbeit weiter einheitlich der Begriff Skill-Management verwendet.[15]

---

[10] vgl. Kremer R., 2004, Seite 48 - 49
[11] vgl. Gerbert H., Kutsch O., 2003, Seite 227
[12] Gebert H., Kutsch O., 2003, Seite 227
[13] vgl. Gebert H., Kutsch O., 2003, Seite 227
[14] Gronau N., Fröming J., Schmid S., 2006, Seite 18
[15] vgl. Gronau N., Fröming J., Schmid S., 2006, Seite 18

Gegenstandsobjekt des Skill-Managements ist der Mitarbeiter, welcher sich einerseits Fachwissen sowie auch methodisches Wissen über die Zeit hinweg aus seinen Arbeitsbereichen angeeignet hat.[16]

DEITERS/LUCAS/WEBER definieren Skill-Management als das Management des *„Wissens in den Köpfen der Mitarbeiter"*.[17] So sollen Mitarbeiter mit ihren Fähigkeiten am richtigen Ort, zur passenden Zeit und zu optimalen Kosten eingesetzt werden, mit dem Ziel

> *Personen mit bestimmten Kenntnissen aus einer Menge von Mitarbeitern zu identifizieren.*[18]

Um aber Mitarbeiter richtig im Unternehmen zu positionieren ist laut PIELER/SCHUH eine enge Verknüpfung mit der Unternehmensstrategie erforderlich, da sich nur vor dem Hintergrund der strategischen Positionierung der Unternehmung abschätzen lässt was richtig oder falsch ist. Damit ist Skill-Management auch ein

> *[...] wichtiges Bindeglied zwischen der Unternehmensstrategie und dem klassischen Personalwesen [...]*[19]

2.2.1 Abgrenzung Skill-Management von Wissensmanagement und Informationsmanagement

Der Begriff Wissensmanagement bezeichnet ein interdisziplinäres Forschungsgebiet und Managementansatz, trotz einer Vielzahl von Publikationen gibt es jedoch noch keine einheitliche Definition. Für eine weitere Definitionsübersicht wird an dieser Stelle auf die Lektüre von AL-LAHAM[20] verwiesen.

Im Allgemeinen verwaltet und strukturiert Wissensmanagement explizites und implizites Wissen im unternehmerischen Umfeld. So ist explizites Wissen weniger kontextgebunden, dokumentationsfähig, automatisierbar und relativ leicht imitierbar. Dagegen ist implizites Wissen personalisiertes Wissen, es liegt internalisiert im Wissensträger vor und ist somit noch nicht dokumentiert.[21]

Laut NORTH ist das Ziel eines Unternehmens, welches Wissensmanagement betreibt aus Informationen Wissen zu erzeugen und dieses Wissen in Wettbewerbsvorteile langfristig umzusetzen.[22]

---

[16] Kremer R., 2004, Seite 48
[17] Deiters W., Lucas R., Weber T., 1999, Seite 2
[18] Deiters W., Lucas R., Weber T., 1999, Seite 8
[19] Pieler, D., Schuh M., 2003, Seite 21
[20] Al-Laham A., siehe detaillierte Definitionsübersicht, 2003, Seite 45 – 46
[21] vgl. Al-Lahmam A., 2003, Seite 20 - 30
[22] vgl. North K., 2002, Seite 37

Skill-Management beschäftigt sich ausschließlich mit implizitem Wissen der Mitarbeiter und dem Ziel dieses Wissen zu verwalten. Als eine spezielle Ausprägung des Wissensmanagements und ist stark an Personen gebunden.[23]

Informationen können jedoch auch ohne direkte Verbindung zu Wissensträgern abgerufen werden. Dieser Zugriff kann in Unternehmen mittels eines elektronischen Informationssystems erfolgen. Somit ist das Informationsmanagement, das sich überwiegend nur mit technologischen Aspekten auseinandersetzt, im Gegensatz zu Skill- und Wissensmanagement, personenungebunden.[24]

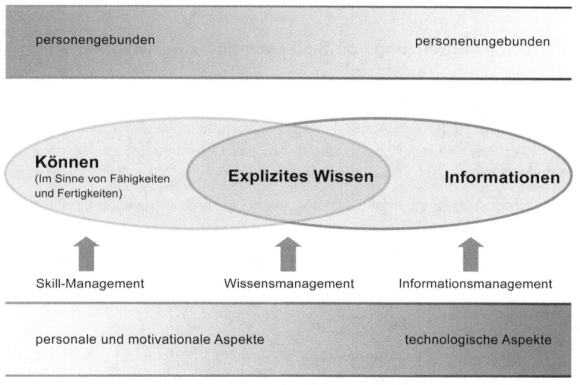

Abbildung 2: Abgrenzung von Skill-, Wissens- und Informationsmanagement[25]

---

[23] vgl. ILTIS GmbH, 2006
[24] vgl. Beck S., 2005, Seite 122
[25] Bildquelle: Beck, S., 2005, Seite 122

3   Einführung in das Gebiet der Skill-Management-Systeme

Im ersten Abschnitt werden Skill-Management-Systeme zu anderen, heute häufig eingesetzten Systemen im Unternehmen abgegrenzt. Es folgt eine Definition des Skill-Management-Systems und dessen Haupteinsatzgebiete. Im letzten Abschnitt werden mittels eines Fragenkataloges relevante Vorüberlegungen zur Systemeinführung aufgeführt.

3.1   Abgrenzung von Skill-Management-Systemen[26]

Der rasant steigende Einsatz von Informationstechnologie lässt die Systemlandschaften in Unternehmen immer mächtiger und komplexer werden. So gibt es eine Reihe von Applikationen, die auf unterschiedliche Weise interagieren. Alle Anwendungen zielen darauf ab, das Unternehmen im Alltagsgeschäft zu unterstützen.

Um Skill-Management-Systeme von anderen Anwendungen und deren Einsatzgebieten richtig abzugrenzen, werden die unter Abbildung 3 aufgeführten Systeme kurz vorgestellt.

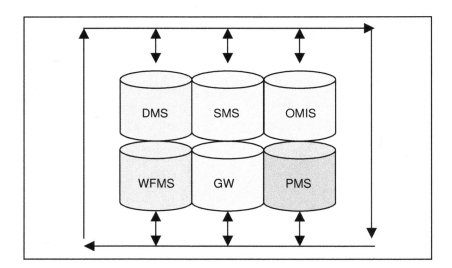

Abbildung 3: Systemlandschaft[27]

---

[26] vgl. Deiters W., Lucas R., Weber T., 1999, Seite 7
[27] Bildquelle: vgl. Deiters W., Lucas R., Weber T., 1999, Seite 7

- DMS

Mit einem Datenbankmanagementsystem (DMS) werden Dokumente verwaltet und archiviert.

- OMIS

Das Organisational-Memory-Information-System (OMIS) dient zur Informationsgewinnung aus verschiedenen Informationsquellen und zur Pflege einer gemeinsamen Datenbasis.

- WFMS

Mit einem Workflow-Management-System (WFMS) werden wieder auftretende Abläufe (Workflows) automatisiert. Dadurch können Durchlaufzeiten verringert und Abläufe koordiniert werden.

- GW

Groupware Systeme (GW) dienen der Koordination und Kommunikation untereinander.

- PMS

Projektmanagementsysteme (PMS) werden eingesetzt um den Projektablauf zu koordinieren und Projektlaufzeiten zu kontrollieren.

- SMS

Skill-Management-Systeme (SMS) werden im Folgenden detailliert vorgestellt.

3.2 Skill-Management-Systeme

Betriebliches Skill-Management wird in der Praxis EDV-gestützt realisiert.[28] Diese Skill-Management-Systeme zielen darauf ab, Metawissen über Mitarbeiter zu verwalten und zu strukturieren. Um das zu erreichen, werden über Mitarbeiter Qualifikations- und Erfahrungsprofile erstellt und in das System eingebunden.[29]

Qualifikationsprofile bewerten den Wissensstand eines Mitarbeiters zu einem bestimmten Zeitpunkt. Erfahrungsprofile werden zum einem benutzt, um Qualifikationen zu dokumentieren, die noch nicht bewertet werden können. Zum anderen können Erfahrungsprofile benutzt werden, um auf Erfahrungsprozesse hinzuweisen, die zu einer bestimmten Qualifikation geführt haben.[30]

Skill-Management-Systeme sind nach BECK:

[...] EDV-gestützte Systeme der Verarbeitung von Informationen über die an den Arbeitsplätzen geforderten und bei den Mitarbeitern vorhandenen Skills, um unter Berücksichtigung der relevanten rechtlichen Normen den Nutzern des Systems die notwendigen Informationen zum Management der Skills zur Verfügung zu stellen.[31]

Mit Hilfe eines Skill-Management-Systems können beispielsweise Spezialisten aus verschiedenen Unternehmenseinheiten schnell zu einem starken Team zusammengeführt werden. Gerade räumlich verteilten Unternehmenseinheiten kommt die Arbeitsunterstützung eines Skill-Management-Systems zu Gute.[32]

---

[28] vgl. Beck S., 2005, Seite 128

[29] vgl. Deiters W., Lucas R., Weber T., 2000, Seite 55

[30] Deiters W., Lucas R., Weber T., 2000, Seite 55

[31] Beck S., 2005, Seite 128

[32] vgl. Mülder W., 1998, Seite 573

3.3   Haupteinsatzgebiete von Skill-Management-Systemen

Skill-Management-Systeme kommen in vielen Unternehmensbereichen zum Einsatz.

> *Haupteinsatzgebiete sind die Expertensuche, Personalbeschaffung und –entwicklung sowie das Projektmanagement.*[33]

Die Expertensuche ist eine Hauptfunktionalität des Skill-Management-Systems. Durch sie können Mitarbeiter mit bestimmten Qualifikationen einfach unausfindig gemacht werden.[34]

Im Bereich der Personalbeschaffung erleichtert die Anwendung Mitarbeiter, deren Anforderungsprofil auf eine offene Stelle passt, schnell zu finden. Für das Unternehmen ergibt sich dadurch eine mögliche Kostenreduktion, da umständliche, interne und zeitintensive Bewerbungsverfahren vermieden werden. Zusätzlich kann sich eine Verbesserung des Betriebsklimas ergeben, da bei der Bildung von Projektteams und offenen Stellen, eigene Mitarbeiter bevorzugt werden.[35]

Für die Personalentwicklung ist das Skill-Management-System ebenfalls von Vorteil, da die Fähigkeiten der Mitarbeiter, deren Bewertungen und Schulungsbedarf anschaulich aufgezeigt werden können. Unterqualifikationen aber auch Überqualifikationen können somit frühzeitig erkannt und Strategien zur Problembehebung eingeleitet werden.[36]

Auch Unternehmen, die viel Projektarbeit betreiben, profitieren von einem Skill-Management-System, da deren Projektmanagement geplanter und strukturierter durchgeführt werden kann.[37] Nach FÖCKER ist es ratsam das System mit dem Projektmanagement-System zu koppeln, da somit interne Abläufe simplifiziert werden. Abfragen beinhalten dadurch nicht nur Skills der Mitarbeiter, sondern auch beispielsweise deren Kostensätze und Verfügbarkeit.[38]

---

[33] vgl. Gronau N., Uslar M., 2004
[34] vgl. Gronau N., Uslar M., 2004
[35] vgl. Gronau N., Uslar M., 2004
[36] vgl. Gronau N., Uslar M., 2004
[37] vgl. Gronau N., Uslar M., 2004, Seite 30
[38] vgl. Föcker E., 2001, Seite 11

3.4   Vorüberlegungen zur Konzeption von Skill-Management-Systemen[39]

Die vielen Einsatzgebiete der Skill-Management-Systems lassen schon darauf schließen, dass es sich bei den Applikationen entweder um eine Individualsoftware handeln muss, oder aber um ein flexibles und modular aufgebautes System, das an einzelne Prozesse angepasst werden kann. Daher ist es nach KREITMEIER/RADY/KRAUTER unabdingbar, dass sich Unternehmer und Systementwickler auch vor einer Systemkonzeption oder eines Customizings[*] mit folgenden Fragen befassen:

Welches Wissen ist relevant?

Zuerst muss abgeklärt werden, welches Wissen und welche Skills für das Unternehmen wichtig sind und im Zielsystem dargestellt werden soll. Dabei handelt es sich um Basisinformationen wie beispielsweise Angaben über die Schulbildung oder Sprachkenntnisse.

Im nächsten Schritt sollten Unternehmer Anforderungen für die einzelnen Rollen im Unternehmen definieren. Aus den Anforderungen kann später der eventuell notwendige Schulungsbedarf jedes Einzelnen festgelegt werden.

Wie soll das Wissen abgerufen werden?

Auch technische Aspekte sollten vorab so präzise wie möglich definiert werden. Dazu gehört unter anderem die Festlegung von Zugriffsrechten.

Wie soll das System genutzt werden?

Dies ist die zentrale Fragestellung, aus ihr resultieren Zweck und Nutzen des Systems. Anfangs müssen potentielle Nutzer inklusive ihrer Aufgabengebiete bestimmt werden. Im nächsten Schritt folgt die allgemeine Ausrichtung des Systems, das heißt dient es ausschließlich Recherchezwecken oder übernimmt es die gesamte Personalentwicklung.

Der Fragenkatalog kann natürlich individuell erweitert werden. Er dient in erster Linie dazu, die potentiellen Nutzern schon vorab mit in die Systementwicklung zu integrieren, um mögliche Wünsche richtig im zukünftigen System realisieren zu können. Sind die Sachverhalte aus dem Fragenkatalog endgültig und klar dargestellt, kann mit einem strukturierten Aufbau des Skill-Management-Systems begonnen werden.

---

[39] vgl. Kreitmeier I., Rady B., Krauter M., 2000, Seite 72 - 73
[*] Anpassung

4 Konzeption eines Skill-Management-Systems

Das Skill-Management-System wird aus mehreren Teilkomponenten aufgebaut. Betrachtet man den technischen Aufbau verfügt im Kern jedes System über eine relationale Datenbank, die Skill-Datenbank. Alle Skillprofile der Mitarbeiter sind hier gespeichert und können abgerufen, ergänzt oder gelöscht werden.[40] Der Datenbankaufbau wird näher unter Kapitel 4.5 beschrieben.

Skill-Management-Systeme lassen sich jedoch nicht nur auf eine Datenbank reduzieren. Vielmehr stellen sie sich aus zahlreichen, komplexen Teilbereichen zusammen, wie im Folgenden gezeigt wird. Dazu wird der Aufbau eines Skill-Management-Systems auf der Grundlage von BUSCH und BECK mit weiteren Beispielen näher erläutert. BUSCH unterteilt Skill-Management-Systeme in vier Ebenen: Inhalte, Prozesse, Kommunikation und Informations- und Kommunikationstechnologische-Systeme (IKT).[41] BECK verknüpft die Kommunikationsebene zusätzlich mit Akteuren und fügt vorab noch eine fünfte, die sogenannte Zielebene in Buschs´ Theorie mit ein.[42]

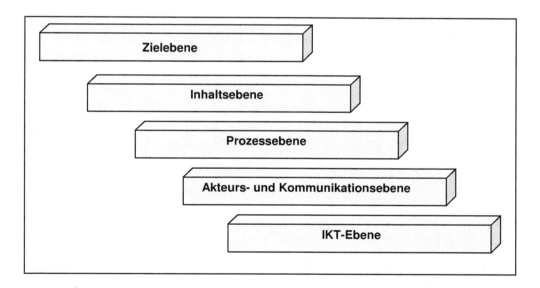

Abbildung 4: Ebenen des Skill-Management-Systems[43]

---

[40] vgl. Mülder W, 1998, Seite 573

[41] vgl. Busch C., 2002a, Seite 48

[42] vgl. Beck S., 2005, Seite 139

[43] Bildquelle: Eigene Darstellung, in Anlehnung an Bush C., 2002, Seite 48 und Beck S., 2005, Seite 139

4.1   Die Zielebene

Die Strategien und Visionen der Unternehmensleitung bilden den Ausgangs-punkt für jede weitere konzeptionelle Überlegung eines Skill-Management-Systems. Daher lautet die erste Leitfrage von BECK:

> *Welche strategischen Ziele werden mit dem Skill-Management-System verfolgt?*[44]

Ohne eine hinreichende Zielsetzung im Voraus lässt sich das Projektvolumen nur schlecht einschätzen und eine praktikable Umsetzung der Software ist nicht ratsam, da sie ein hohes finanzielles Risiko in sich birgt.[45]

Auch PIELER/SCHUH sehen das Skill-Management in einer direkten Verbin-dung zur Unternehmensstrategie,

> *[...] denn nur vor dem Hintergrund der strategischen Ausrichtung des Un-ternehmens lässt sich beurteilen, was (heute und zukünftig) richtig oder falsch ist.*[46]

4.2   Die Inhaltsebene

Inhalte eines Skill-Management-Systems sind in Form von Daten auf einer so-genannten Skilldatenbank abgelegt. Nach BECK muss beim Aufbau einer Skill-datenbank folgende Fragestellung beachtet werden:

> *Welche Daten werden durch ein Skill-Management-System verwaltet und wie lassen sich diese effizient strukturieren, abbilden und verarbeiten?*[47]

Dazu ist es vorteilhaft sich auf einheitliche Begriffe für Anforderungen festzule-gen. Dies ermöglicht es die Anforderungen, also gewünschte Skills direkt mit vorhandenen Skills abzugleichen (Soll-Ist-Vergleich).[48]

4.2.1 Festlegen des Skillkatalogs[49]

Im Allgemeinen werden die Skills der Mitarbeiter (Skillangebot) sowie auch die quantitativen Merkmale der Aufgabenbereiche oder Stellen (Skillnachfrage) standardisiert in einem Skillkatalog erfasst. Aus diesem Skillkatalog werden später alle Skillprofile abgeleitet.

---

[44] Beck S., 2005, Seite 140

[45] vgl. Beck S., 2005 Seite 140 - 141

[46] Pieler D., Schuh M, 2003, Seite 21

[47] Beck S., 2005, Seite 141

[48] vgl. Beck S., 2005, Seite 141

[49] vgl. Beck S., 2005, Seite 142

Die Daten liegen geordnet vor, und werden mit Hilfe von Ontologien klar struk-turiert.[50] Ontologien sind Begriffs-Beziehungs-Systeme und bilden ein Regel-netzwerk ab. Im Allgemeinen dienen sie

> *[...] als Mittel zur Strukturierung und zum Datenaustausch, um bereits*
> *bestehende Wissensbestände zusammenzufügen.*[51]

Eine weitere Methode ist nach RUMPF den Skillkatalog zu kategorisieren. Da-bei kann das Skillangebot sowie die Skillnachfrage in vier Merkmalsgruppen zusammengefasst werden:

Identifizierende Merkmale:

Dazu gehört unter anderem die Personalnummer, der Vor- und Zuname sowie das Stellenkürzel. Mit diesen Kriterien können Suchanfragen schnell und ziel-genau beantwortet werden.

Kenntnisbezogene Merkmale:

Dies sind Fähigkeiten, die für eine ausgeschriebene Stelle relevant sind oder Mitarbeiter aufweisen. Darunter fällt sowohl der formale Kenntnisstand (schuli-scher Werdegang, Abschlüsse, Zertifikate) als auch der informelle Kenntnis-stand (Fähigkeiten und Qualifikationen, die im Berufsleben erlernt wurden).

Physische Merkmale:

Diese beschreiben die für eine Stelle erforderliche körperliche Leistungs-fähigkeit.

Psychische Merkmale:

Beschreiben psychologische, geistige und soziale Aspekte individueller Belast-barkeit.

Psychischen Merkmale sollten allerdings nicht in der Datenbank aufgenommen werden, da einerseits rechtliche Schranken existieren, andererseits eine Artiku-lierung der Merkmale oft nur subjektiver Natur ist.[52]

Diese Kategorien bilden die Basis für den Skillkatalog. Um aber Operationen wie Abfragen oder Vergleiche durchführen zu können, müssen zwei weitere Schritte, die Vektorisierung und Skalierung der Skills folgen.

---

[50] vgl. Beck S., 2005, Seite 142 - 143
[51] 134.106.51.238, 2006
[52] vgl. Rumpf H., 1981, Seite 73 - 86

4.2.2 Skalierung der Skills

Um Merkmale bewerten zu können werden sie zunächst vektorisiert.[*] Im Anschluss wird die Art und Weise wie sie gemessen werden festgelegt, dass heißt sie werden skaliert. Solch eine Skala wird nach FRAUENHOFER IESE wie folgt definiert:[53]

> Eine Skala legt fest, auf welche Weise ein Merkmal eines Untersuchungsgegenstandes operationalisiert und erfasst wird. Man unterscheidet eine Hierarchie von unterschiedlich mächtigen Skalentypen. Es ist abhängig von den empirischen Relationen, die untersucht werden, welche Skalentypen zur Erfassung von Messwerten zulässig sind.[54]

> Eine empirische Relation ist eine Beziehung zwischen empirischen Objekten. Diese Objekte existieren in der realen Welt, sind beobachtbar und erfahrbar.[55]

Im Folgenden werden zwei häufig verwendete Skalentypen mit aufgeführt.

4.2.2.1 Nominalskalen[56]

Den Kern dieser Skalierung bilden klar definierte Kategorien, die sich gegenseitig ausschließen. Unterschieden wird nur die Gleichheit oder Ungleichheit von Merkmalsausprägungen, beispielsweise das Geschlecht eines Mitarbeiters. Ebenso können Merkmale mehrklassig eingeteilt werden, zum Beispiel in Haarfarbe oder Fachabteilung.

Eine Eingabe erfolgt über die Auswahl einer vordefinierten Merkmalsausprägung innerhalb einer definierten Kategorie. So könnte zum Beispiel die Kategorie Haarfarbe die Merkmalsausprägungen „blond", „braun" und „schwarz" beinhalten. In diesem Zusammenhang spricht man von einer *kategorial-nominalen Skalierung*.

Eine weitere Möglichkeit bietet die sogenannte *verbal-nominale Skalierung*. Im Gegensatz zur kategorial-nominal Skala erfolgt ihre Eingabe alpha-numerisch,[*] daher ergibt sich eine unbegrenzte Anzahl von Merkmalsausprägungen. Nützlich ist diese Variante für das Arbeiten mit Stammdaten wie Namen, Sozialversicherungsnummern und dergleichen.

---

[*] siehe Beispiel unter Kapitel 4.2.4.3
[53] vgl. Beck S., 2005, Seite 145
[54] Fraunhofer IESE, 2006a
[55] Fraunhofer IESE, 2006b
[56] vgl. Beck S., 2005, Seite 145 und LernStats, 2006a
[*] Bedeutung: beliebiger Text

4.2.2.2   Ordinalskala[57]

Eine Ordinal- oder auch Rangskala erlaubt es Merkmalsausprägungen in eine Beziehung zueinander zu stellen. Dazu werden die Merkmalsausprägungen so kategorisiert, dass sie einer Rangliste entsprechen. Somit besitzt ein Merkmal eine begrenzte Anzahl an Rangstufen, die bei der Eingabe ausgewählt werden können. So könnte das Merkmal „besuchte Sprachkurse" die verschiedenstufigen Merkmalsausprägungen (1 = kein Besuch, 2 = sehr seltener Besuch ... 5 = regelmäßiger Besuch) enthalten.

4.2.3   Erfassung der Skills

Um die Merkmalsausprägungen auswerten zu können, müssen erst genügend Daten im System angelegt werden. GRONAU/USLAR nennen zwei Möglichkeiten zur Datenerfassung:

So kann der Mitarbeiter mittels Raster seine Fähigkeiten selber bewerten, jedoch sollte ein Vorgesetzter die Eingabe nochmals überprüfen. Auch könnten die Daten nach Personalgesprächen direkt von Vorgesetzen eingetragen werden.[58]

4.2.4   Vergleichen und Auswerten von Skillprofilen

Soll eine offene Stelle unternehmensintern besetzt werden, bietet sich der Soll-Ist-Vergleich an. Hier wird das momentane Anforderungsprofil der Mitarbeiter als Istzustand, das geforderte Stellenprofil als Sollzustand genommen. Ausreichenden Qualifikationen oder zusätzlicher Schulungsbedarf der Mitarbeiter wird dadurch klar aufgezeigt.[59] Als Beispiel für ein Soll-Ist-Vergleich wird an dieser Stelle auf Kapitel 9.1 im Anhang verwiesen.

Der Vergleich von Skillprofilen ist oft problematisch, da eine komplette Überdeckung der Soll-Ist-Profile in der Praxis eher selten auftritt. Als Folge würden Suchanfragen oft keine Resultate liefern. Daher setzt man auf ein Gewichtungsverfahren, das ein Vergleichen und Auswerten von Skillprofilen ermöglicht. In der Literatur wird hierbei von „Matching" gesprochen. Mit Matchingverfahren werden ähnliche Skills mit einer Gewichtung (similary measure) versehen.[60]

Im Folgenden werden die Gewichtungsverfahren *Direkt Skill Comparison*, *Proportional Similtary*, *Compesatory Similarity* sowie *Taxomic Similtary* vorgestellt.

---

[57] vgl. LernStats, 2006b und Beck S., 2005, Seite 145
[58] vgl. Gronau N., Uslar M., 2004, Arbeitsbericht
[59] vgl. Kremer R., 2004, Seite 49
[60] vgl. Biesalski E., Abdecker A., 2006, Seite 4

4.2.4.1   Direkt Skill Comparison[61]

Dieses Verfahren ist sehr einfach aufgebaut, da die Kriterien, die miteinander verglichen werden alle genau übereinstimmen müssen.

Die Merkmale, die im ersten Schritt bei der binären Prüfung gleich sind, werden mit dem Wert „1" versehen. Ungleichheit wird mit einer „0" festgesetzt. Die Merkmale mit dem Wert „1" können im nächsten Schritt mit einer Gewichtung versehen werden.

Es sei:

R (Soll-Profil) mit einer Liste von:	E (Ist-Profil) mit einer Liste von:
r (Skillinstanzen)	e (Skillinstanzen)
rs (Skillname	es (Skillname)
rl (Skill-level)	rl (Skill-Level)

$$sim_{skill\ level}(r,e) := \begin{cases} 1, \text{if } rl=el \\ 0, \text{else} \end{cases} \qquad sim_{skill\ name}(r,e) := \begin{cases} 1, \text{if } rs=es \\ 0, \text{else} \end{cases}$$

$$sim_{direct\ comparison}(R,E) := \frac{\sum_{r\in R,\ e\in E} weight(r)*sim_{skill\ level}(r,e)*sim_{skill\ name}(r,e)}{\sum_{r\in R} weight(r)}$$

Abbildung 5: Rechenweg Direkt Skill Comparison[62]

4.2.4.2   Proportional Similarity[63]

Diese Methode berücksichtigt auch Kriterien, die nicht vollständig erfüllt werden. Gleiche Merkmale werden wieder mit dem Wert „1" versehen.

Werte ungleich eins werden von dem Skilllevel subtrahiert und durch die gesamten Skilleinstufungen (im Beispiel wird von vier Stufen ausgegangen) geteilt.

---

[61] vgl. Biesalski E., Abdecker A., 2006 Seite 4 - 5

[62] Biesalski E., Abdecker A., 2006, Seite 4

[63] vgl. Biesalski E., Abdecker A., 2006, Seite 5

Im nächsten Schritt werden die Merkmalsausprägungen mit einer Gesamtgewichtung versehen. Das Ergebnis gibt die graduale Abweichung von dem Sollprofil an.

$$sim_{Skillname}(r,e) := \begin{cases} 1, \text{if } rs=es \\ 0, \text{else} \end{cases}$$

$$sim_{proportionallevel}(r,e) := \begin{cases} 1, \text{if } rl \leq el \\ 1-(rl-el)*\frac{1}{4}, \text{else} \end{cases}$$

$$sim_{proportional-similarity}(R,E) := \frac{\sum_{r \in R, e \in E} weight(r)*sim_{proportional-level}(r,e)*sim_{skill name}(r,e)}{\sum_{r \in R} weight(r)}$$

Abbildung 6: Rechenweg Proportional Similarity[64]

4.2.4.3 Compensatory Similarity[65]

Bei „Compensatory Similarity" werden Unterqualifikationen mit Überqualifikationen aus einem anderen Bereich ausgeglichen. Eine übersichtliche Möglichkeit ist die einzelnen Profile in Vektoren darzustellen und auf dieser Basis die Berechung durchzuführen. Folgendes Beispiel verdeutlicht eine Vorgehensweise:

Ein Unternehmen sucht einen Mitarbeiter, der Skills in dem Bereichen Informationstechnik und Programmierung mitbringen sollte. Als Bewertungskriterium um einen geeigneten Mitarbeiter zu finden, definiert das Unternehmen ein Feld „S".

S = (Windows 2000, Java, JavaScript, Visual Basic)

Danach wird eine Gewichtungsmatrix „W" gebildet. Hier werden die geforderten Skills bewertet (skaliert) und die Wertungen in der Matrix festgehalten (hier steht für 1 = unwichtig, 2 = wichtig, 3 = sehr wichtig).

Weiter werden zwei Vektoren, p1 und p2 gebildet. Dabei steht p1 für die Skillwerte des Soll-Profils und p2 für die Skillwerte des Ist-Profils eines Mitarbeiters. Die Vektoren werden auf Basis der Bewertungsmatrix mit einer Wertung versehen.

---

[64] Bildquelle: Biesalski E., Abdecker A., 2006, Seite 5
[65] vgl. Sure, Y., Maedche, A., Staab, 2000, Seite 4 - 5,

Windows 2000	(unimportant)		$\begin{bmatrix} 1 & 0 & 0 & 0 \\ 0 & 3 & 0 & 0 \\ 0 & 0 & 2 & 0 \\ 0 & 0 & 0 & 3 \end{bmatrix}$
Java	(very important)	$\Big\}$ W	
JavaScript	(important)		$W =$
Visual Basic	(very important)		

Abbildung 7: Bildung der Gewichtungsmatrix[66]

Windows 2000	(beginner)		
Java	(expert)	$\Big\}\ p_1 =$	$\begin{bmatrix} 1 \\ 3 \\ 2 \\ 1 \end{bmatrix}$
JavaScript	(intermediate)		
Visual Basic	(beginner)		

Windows 2000	(none)		
Java	(intermediate)	$\Big\}\ p_2 =$	$\begin{bmatrix} 0 \\ 2 \\ 3 \\ 0 \end{bmatrix}$
JavaScript	(expert)		
Visual Basic	(none)		

Abbildung 8: Bildung von Vektoren[67]

Danach wird das Skalarprodukt des Vektors p1 und p2 gebildet, mit der Gewichtungsmatrix „W" multipliziert und durch den „perfect match" dividiert. Der „perfect match" wird durch das Skalarprodukt des Vektors p1 (p1 * p1) gebildet.

Im Nenner ist der Idealfall definiert: Alle geforderten Kriterien sind hier zu 100 Prozent erfüllt. Eine Abweichung im Zähler wirkt sich immer negativ auf das Ergebnis aus. Und es gilt umso geringer die Abweichung vom Zähler zum Nenner, desto geeigneter ist der Mitarbeiter für das gesuchte Profil.

$$M_C(p_1, p_2) = \frac{W * p_1 * p_2}{W * (p_1)^2}$$

$$M_C(p_2, p_1) = \frac{0*1*1 + 2*3*3 + 3*2*2 + 0*1*2}{1^2*1 + 3^2*3 + 2^2*2 + 1^2*2} = 79\%$$

Abbildung 9: Rechenweg Compensatory Similarity[68]

---

[66] Bildquelle: Sure, Y., Maedche, A., Staab, 2000, Seite 4
[67] Bildquelle: Sure, Y., Maedche, A., Staab, 2000, Seite 4
[68] Bildquelle: In Anlehnung an:Sure, Y., Maedche, A., Staab, 2000, Seite 5

Als Ergebnis dieses Beispiels beträgt 79 Prozent. Der Mitarbeiter ist zwar in Java leicht unterqualifiziert, kann dieses Defizit aber wieder mit seiner Überqualifikation in der Programmiersprache VisualBasic kompensieren.

4.2.4.4   Taxomic Similarity[69]

Wenn Suchanfragen von Soll-Ist-Vergleichen kaum oder keinen Treffern liefern, können auch Skills aus anderen, themenverwandten Bereichen herangezogen werden. Diese Vorgehensweise nennt sich *„close matches method"*. Damit diese Methode trotz alternativer Skills verwertbare Ergebnisse liefert, müssen folgende Regeln beachtet werden:

- Skills sind sich nur ähnlich, wenn sie unter dem gleichen Kompetenzfeld der Hierarchie aufgeführt sind und folglich den selben Elternknoten besitzen

- Sie müssen auf der selben semantischen Ebene eingeordnet sein

Abbildung 10 zeigt ein Ausschnitt aus einem Skillkatalog, basierend auf einer Ontologie. Die Skills werden hier als Instanzen in Rauten dargestellt. Wenn eine Suchanfrage im Bereich der objektorientierten Programmiersprachen zu keinen befriedigenden Ergebnissen führt, könnte als Alternative die Instanz „C++", „Java" oder „Ada" gewählt werden. Zusätzlich könnten prozedurale Programmiersprachen im Ergebnis genannt werden.

---

[69] vgl. Biesalski E., Abdecker A., 2006, Seite 5

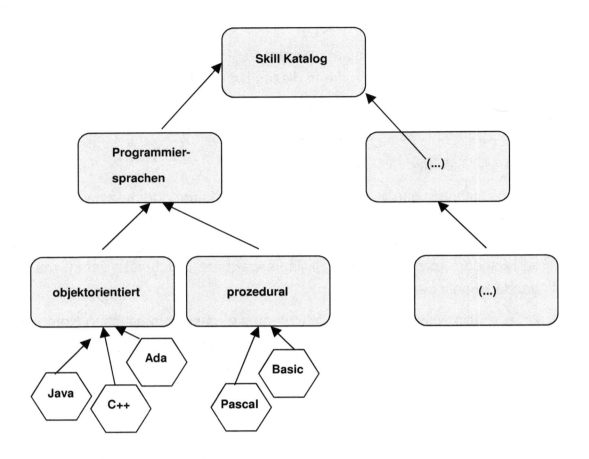

Abbildung 10: Ausschnitt aus einem Skill-Katalog[70]

4.3   Die Prozessebene

Nach BUSCH werden im nächsten Schritt die Prozesse des Skill-Managements betrachtet und untersucht. BECK formuliert unter diesem Aspekt folgende zentrale Frage:

> *Welche grundlegenden Abläufe werden im Skill-Management-System abgebildet? Bzw. wie ist ein kompetenztheoretisch fundierter Skill-Management-Prozess zu gestalten?[71]*

---

[70] Biesalski E., Abdecker, A., 2006, Seite 5
[71] Beck S., 2005, Seite 150

4.3.1 Einfaches Phasenmodell des Skill-Management-Prozesses[72]

In Anlehnung an den *„Grundprozess der betrieblichen Qualifizierung"*[73] baut BECK ein Grundgerüst für Skill-Management-Prozesse auf. (vgl. Abbildung 11).

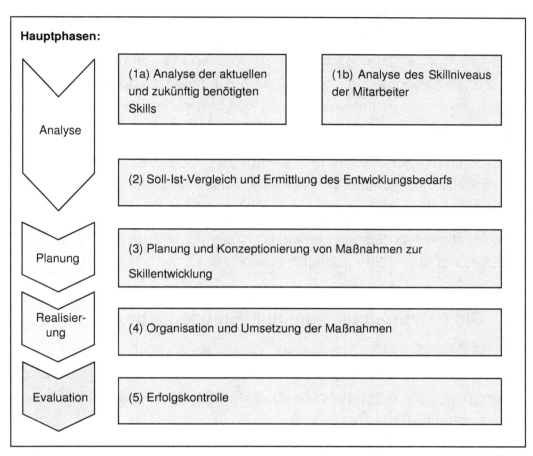

Abbildung 11: Einfaches Phasenmodell des Skill-Management-Prozesses[74]

Das Modell besteht aus fünf Hauptphasen. In der ersten Phase muss zuerst die Frage geklärt werden welche Skills aktuell sowie auch zukünftig für das Unternehmensgeschehen von Wichtigkeit sind. Im nächsten Schritt soll der Mitarbeiter seine Skills selber in das System eintragen und bewerten. Im Anschluss wird von der Unternehmensleitung geprüft, ob die Mitarbeiter die geforderten Skills tatsächlich besitzen. Die Prüfung kann mittels Soll-Ist-Vergleichen vorgenommen werden. Weiter können nach BECK auch zukünftig benötigte Skills anhand von strategischen Zielen aus der kommenden Planungsperiode relativ sicher abgeleitet werden.

---

[72] vgl. Beck S., 2005, Seite 150 - 151
[73] Beck S., 2005, Seite 150
[74] Beck S., 2005, Seite 151

Die Leitfrage lautet dabei:

> *Was müssen unsere Mitarbeiter können und wissen, wenn sie diese Ziele erreichen sollen?*[75]

In der nächsten Phase werden die Maßnahmen zur Skillentwicklung entworfen. Skill-Lücken, sogenannte „Skill-Gaps" werden über Soll-Ist-Vergleiche erkannt und müssen schnellstmöglich durch geeigneten Maßnahmen geschlossen werden. Zur Eliminierung von Skill- Defiziten können beispielsweise Mitarbeiterschulungen durchgeführt werden. Mit der Maßnahmenumsetzung beginnt der Prozess „Realisierung".

In der Evaluationsphase werden die Ergebnisse der Realisierungsphase bewertet und kritisch auf weitere Verbesserungsmöglichkeiten hinterfragt.

Die Ermittlung der Skillanforderungen keine einmalige Tätigkeit, vielmehr müssen die Tätigkeitsbereiche in einem kontinuierlichen Prozess mit den vorhandenen Skills der Mitarbeiter abgeglichen werden.

4.4   Die Akteurs- und Kommunikationsebene

Nach BECK sollen alle erforderlichen Akteure in den Skill-Management-Prozess einbezogen werden. Wichtig ist dabei Ansprüche und Nutzenvorstellung an das System mit in die Konzeptionierung einzubinden und ausreichend untereinander zu kommunizieren.[76]

Deshalb sind Akteursebene und Kommunikationsebene eng miteinander verknüpft und bilden eine Einheit. Relevante Akteure im Unternehmen sind nach SCHMIDT-LAUF:[77] Unternehmensleitung, Personalleitung, Personalentwicklungsmanager, Führungskräfte, Betriebsrat, Mitarbeiter, interner oder externer Weiterbildungsanbieter. Diese Personengruppen besitzen unterschiedliche Erwartungen und Ansprüche an das System, die im Vorfeld kommuniziert werden müssen.

BUSCH sieht die Kommunikation innerhalb des Skill-Management-Systems zwischen den einzelnen Akteuren als einen grundlegenden Erfolgsfaktor. Durch persönliche Treffen können unternehmenskulturelle Widerstände in einer sehr frühen Phase durch Dialoge unterbrochen werden. Dies erfordert jedoch die

---

[75] Beck S. 2005, Seite 152
[76] vgl. Beck S. 2005, Seite 162
[77] vgl. Schmidt-Lauf S., 1999, Seite 80 - 81

Einbeziehung der Stakeholder, sowie eine offene, direkte Kommunikation der Führungskräfte mit den Mitarbeitern.[78]

4.5   Die Informations- und Kommunikationstechnologieebene

Die selbständige Datenpflege ist nach BUSCH ein sehr wichtiger Aspekt für ein erfolgreiches Skill-Management-System. Jeder Mitarbeiter sollte demnach Zugang zu seinen Daten haben und diese selbständig verwalten können. Mit der Steuerung über ein Self-Service-System bekommen alle Beteiligten einen rollen- und bedarfsbezogenen Zugriff auf das System und können so eigenständig die Datenverarbeitung übernehmen.[79]

Abbildung 12 verdeutlicht den Informationsfluss eines Skill-Management-Systems ohne Einsatz von Self-Service. Die einzelne Mitarbeiter besitzt hier keine Zugriffsrechte.

> *Durch die redundante Datenerfassung der Prozessbeteiligten entstehen unnötige Administrationskosten und die zentrale Massenerfassung in der Personalabteilung bindet viele Ressourcen und führt zu Beeinträchtigungen in der Datenqualität. Schlechte Durchlaufzeiten der Prozesse sind die Folge.[80]*

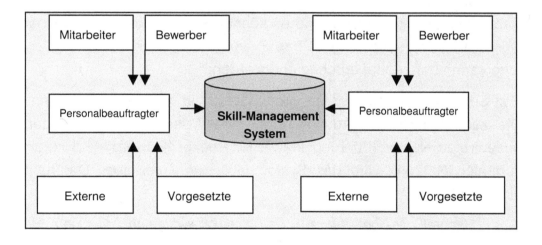

Abbildung 12: Informationsfluss ohne Self-Service-System[81]

---

[78] vgl. Busch C., 2002a, Seite 48 – 49
[79] vgl. Busch C., 2002b. Seite 20
[80] Bildquelle: ExecuTRACK, Informationsbroschüre, 2006
[81] Bildquelle: ExecuTRACK, Informationsbroschüre, 2006

Mit dem Self-Service-System werden im folgenden Beispiel fünf verschiedene Rollen in das Skill-Management-System integriert. Die Datenerfassung geschieht auf diese Weise nur einmalig, wodurch Redundanzen vermieden werden. Administrative Tätigkeiten können aufgeteilt werden, damit zum Beispiel die Skillerfassung direkt über berechtigte Mitarbeiter erfolgen kann.[82]

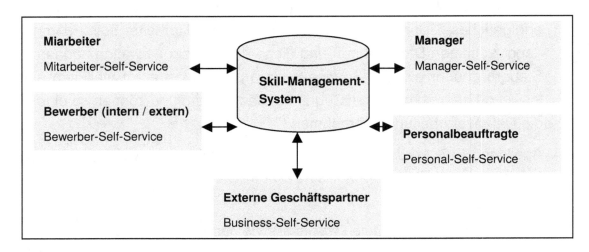

Abbildung 13: Informationsfluss mit einem Self-Service-System[83]

Ein Self-Service-System hat weitere Vorteile: So werden keinerlei Papierformulare mehr gebraucht, da alle Eingaben digital erfasst werden. Dadurch wird die Personalabteilung entlastet und es können Personalkosten eingespart werden. Durch die Rollenverteilung ist das System auch dezentral verfügbar, die Wartung kann aber zentral durchgeführt werden.[84]

Self-Service-Systeme werden grundsätzlich in zwei Hauptgruppen unterteilt: Die zentralen Nutzer (Administrator, Personalentwicklungsmanager) und die dezentralen Nutzer (Führungskräfte, Mitarbeiter, Bewerber). Aufgrund der dezentralen Nutzung wird das System auf einem verteilten Datenbankkonzept aufgebaut.[85]

> *Generell wird bei verteilten Datenhaltungssystemen von einem Modell ausgegangen, das mehrere physisch voneinander unabhängig arbeitende Datenbanken wie ein einziges logisches System erscheinen lässt.[86]*

---

[82] vgl. ExecuTRACK, Informationsbroschüre, 2006

[83] Bildquelle: ExecuTRACK Informationsbroschüre, 2006

[84] vgl. Busch C., 2002b, Seite 19 - 22

[85] vgl. Beck S., 2005, Seite 178

[86] DATACOM Buchverlag GmbH, 2006

Nach KREITMEIER/KRAUTER steht für jede eigenständige Unternehmenseinheit (dezentrale Nutzer) eine Datenbank zu Verfügung. Hier werden die Skillanforderungen der einzelnen Arbeitsbereiche sowie die Skills der aktuellen Mitarbeiter in einer Unit-Datenbank eingetragen und gespeichert. Die Daten aus den dezentralen Datenbanken werden in gewissen Abständen in einen zentralen Server repliziert. Die Repliken werden daraufhin in einer zentralen Adminstrationsdatenbank verwaltet. Auf dieser Ebene werden administrative Tätigkeiten von zentralen Usern durchgeführt. Diese überwachen das System, erstellen aber auch Reports. Die Daten werden in eine Recherchedatenbank (Recherchepool) übertragen und liegen dort anonymisiert vor.[87]

> *Anonymisieren bedeutet nach § 3 Abs. 6 BDSG das Verändern personenbezogener Daten derart, dass die Einzelangaben über persönliche oder sachliche Verhältnisse nicht mehr oder nur mit einem unverhältnismäßig großen Aufwand an Zeit, Kosten und Arbeitskraft einer bestimmten oder bestimmbaren natürlichen Person zugeordnet werden können.[88]*

Zur Recherche steht nach KREITMEIER/KRAUTER für jede Führungskraft dezentral ein Replik des Recherchepools zur Verfügung. Abbildung 14 stellt den verteilten Datenbankaufbau bildlich dar.

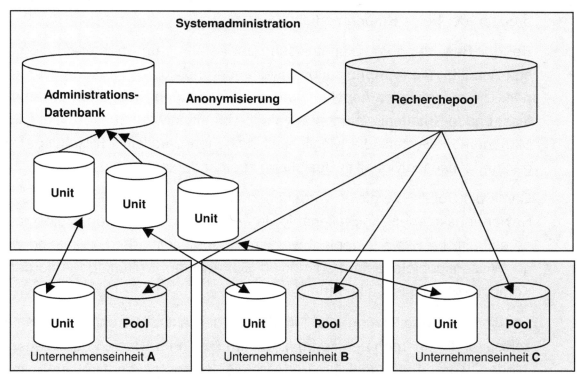

Abbildung 14: Datenbankenaufbau bei Skill-Management-Systemen[89]

---

[87] vgl. Kreitmeier, I., Krauter, M., 1997, Seite 2

[88] Landesbeauftragte für Datenschutz und Informationsfreiheit NRW, 2006

[89] Bildquelle: Kreitmeier I., Krauter M., 1997,

5 Anforderungen an Skill-Management-Systeme

Die verschiedenen Einsatzgebiete des Skill-Managements und der vielschichtige Aufbau führen zu unterschiedlichen Anforderungen an Skill-Management-Systeme. Allgemein sollte immer eine sinnvolle Datenstruktur vorliegen, damit Mitarbeiter ohne Komplikationen und Verständnisschwierigkeiten diese Daten bearbeiten können.

Weiter werden die *inhaltlichen, technischen* sowie die *organisatorischen* und *rechtlichen Anforderungen* an die Systeme näher erläutert und dargestellt.

5.1.1 Inhaltliche Anforderungen

Die Fähigkeiten und Kenntnisse der Mitarbeiter setzen sich aus Aspekten mehrerer Kategorien zusammen. So kann ein Mitarbeiter für bestimmte Aufgabengebiete eine qualifizierte Fachkraft darstellen, aber kann mit wichtigen Werkzeugen aus diesem Themengebiet nicht umgehen. Daher werden Führungskräfte entweder gezwungen sein ihn zu schulen oder es gibt einen anderen Mitarbeiter, der beide Kriterien erfüllt.[90]

Bei der Bewertung von Kenntnissen geht es somit um mehrere, unterschiedliche Aspekte, die in Kombination miteinander individuell betrachtet werden können. Die aufgeführten Aspekte werden in passenden Kategorien zusammengefasst und in Kriterienkatalogen abgelegt. Um effektiv zu arbeiten, muss im Skill-Management-System die Möglichkeit bestehen parallele Skillkataloge anzulegen und diese individuell in Beziehung zueinander zu setzten.[91]

Damit ein Soll-Ist-Vergleich vorgenommen werden kann, sollten jeweils gleiche Bewertungskriterien für Stellenanforderungen gewählt werden. Vorab muss eine einheitliche Skala festgelegt werden. Ebenso sollte der Skillkatalog vielseitige Wissensgebiete aufführen und in Betracht auf zukünftige Anforderungen Kompetenzen erfassen können.[92]

Es ist von Vorteil wenn die Mitarbeiter die Aktualisierung ihres Kataloges selbstständig übernehmen können, damit Lücken im Katalog überwiegend vermieden werden. Persönliche und soziale Kompetenzen sind sehr sensibel, kaum objektiv bewertbar und sollten daher nicht in einem Skill-Management-System geführt werden.

---

[90] vgl. Gronau N., Uslar M., 2004, Arbeitsbericht WI
[91] vgl. Deiters W., Lucas R., Weber T., 2000, Seite 56

Die Bewertung der Skills kann mittels einer Skala vorgenommen werden. Wichtig ist die Möglichkeit eine aussagekräftige Einschätzung vornehmen zu können. Deshalb empfehlen GRONAU/USLAR eine Skala von eins bis fünf zu unterteilen, da dadurch vermieden wird, dass Personen immer nur im Mittelmaß bewerten.[93]

5.1.2 Technische Anforderungen

Ein Skill-Management-System sollte auf einer technischen Basis aufgebaut werden, die es erlaubt eine Versionierung der einzelnen Profile anzulegen und zu verwalten. So können Mitarbeiterentwicklungen verfolgt und lückenlos dokumentiert werden.[94]

Während Qualifikationsprofile überwiegend stark strukturiert sind statischen Charakter vorweisen, sind Erfahrungsprofile dynamisch. Qualifikationsprofile werden somit weniger oft in das System eingepflegt. Dagegen müssen Erfahrungsprofile ständig im System neu angelegt oder abgeändert werden. Das Skill-Management-System muss von der technischen Ebene her garantieren, dass

> [...] Meta-Wissen über Erfahrungen permanent eingegeben werden kann und die Aktualität der Daten dokumentiert wird, sowie eine Hilfestellung zur Entfernung veralteter Daten vorhanden ist.[95]

Weiter sollte ein Skill-Management-System dem Benutzer eine Suchfunktion bereitstellen, die einerseits leicht zu bedienen ist, aber gleichzeitig eine komplexe Suchlogik beinhaltet. Ebenso sollte die mittlere und obere Führungsebene eine Übersicht aus dem System erhalten können, welche Mitarbeiterprofile am häufigsten ausgewählt werden und welche Fähigkeiten im Unternehmensgeschehen am meisten abgefragt werden.[96]

Darüber hinaus sollte eine einfache Bedienbarkeit und eine benutzerfreundliche Navigation gewährleistet sein, so dass kein großer Schulungsbedarf notwenig ist. Die Applikation sollte mittels Schnittstellen zu anderen Systemen, wie dem Personalsystem oder dem Wissensmanagementsystem verbunden werden. So wird eine überwiegend homogene Unternehmes-IT-Landschaft geschaffen, oder bleibt weiterhin bestehen.[97]

---

[92] vgl. Gronau N., Uslar M., 2004, Arbeitsbericht WI

[93] vgl. Gronau N., Uslar M., 2004, Arbeitsbericht WI

[94] vgl. Gronau N., Uslar M., 2004, Arbeitsbericht WI

[95] Deiters W., Lucas R., Weber T., 2000, Seite 56

[96] vgl. Gronau N., Uslar M., 2004, Arbeitsbericht WI

[97] vgl. Gronau N., Uslar M., 2004, Arbeitsbericht WI

5.1.3 Organisatorische Anforderungen

Organisatorische Anforderungen haben

> *[...] das Ziel, sowohl die Systemeinführung zu vereinfachen als auch die Akzeptanz des Systems zu vergrößern.*[98]

Denn nur wenn die Mitarbeiter einen Nutzen aus dem System ziehen können,

> *[...] rechtfertigen die Vorteile eines Skill-Management-Systems den Arbeitsaufwand der Systeminstallation und Systempflege*[99]

Um eine Akzeptanz zu gewährleisten, sollten sich frühzeitig alle Beteiligten an einem Systemaufbau aktiv beteiligen. Unterstützend können Unternehmensumfragen die Wünsche und Erwartungen aufzeigen, damit ein effizientes System in das Unternehmen integriert wird.[100]

Im Mittelpunkt des Systems stehen die Daten der Mitarbeiter und die Mitarbeiter selber, die eben diese Daten in kombinierter Form wieder abfragen. Wenn keine Daten im System angelegt sind ist eine Nutzung nicht möglich.[101]

Von der Datenqualität hängt die Nutzung des Systems ab. Ziel muss es daher sein, Mitarbeiter zur Datenpflege zu motivieren. Unerlässlich hierfür ist die Schaffung von Anreizsystemen damit Wissensträger unternehmensrelevante Kenntnisse und Fähigkeiten angeben. Die Verteilung von Boni sollte innerhalb von Anreizsystemen in Zusammenhang mit der Menge von Expertenanforderungen und sowohl der Quantität als auch der Qualität der erbrachten Hilfeleistung stehen. Wichtig ist auch den Mitarbeitern eine Feedbackmöglichkeit zu bieten.[102]

---

[98] Deiters W., Lucas R., Weber T., 2000, Seite57

[99] Deiters W., Lucas R., Weber T., 2000, Seite 57

[100] vgl. Gronau N., Uslar M., 2004, Arbeitsbericht WI

[101] vgl. Gronau N., Uslar M., 2004, Arbeitsbericht WI

[102] vgl. Gronau N., Uslar M., 2004, Arbeitsbericht WI

5.1.4 Rechtliche Anforderungen[103]

Auf Grund der großen Anzahl von personenspezifischen Informationen innerhalb eines Skill-Management-Systems ist der Datenschutz sehr wichtig. Deshalb sollte die alleinige Verfügungsgewalt nur bei dem betreffenden Mitarbeiter selbst liegen. Eine Einteilung in Benutzergruppen, die sich durch unterschiedliche Zugriffsrechte auszeichnet wäre hilfreich, da nicht jedem Mitarbeiter alle Informationen zu Verfügung gestellt werden sollten.

Durch Datenreduktion können Daten auf Anfrage bestimmter Benutzergruppen soweit anonymisiert werden, dass sich aus dem Suchergebnis nur noch allgemeine Kenntnisse der betreffenden Person ablesen lassen. Wiederum andere Benutzergruppen wie beispielsweise die Personalabteilung könnte alleinigen Zugriff auf die Stammdaten des Arbeitnehmers haben. Um Missbrauch vorzubeugen sollte jeder Zugriff auf die Informationen dokumentiert werden.

---

[103] vgl. Gronau N., Uslar M., 2004, Arbeitsbericht WI

6 Betriebswirtschaftliche Bedeutung und Risiken von Skill-Management-Systemen

6.1 Kosten und Einsparungen[104]

Bei einer Systemeinführung kann nicht genau vorausgesagt werden in welchem Unternehmensbereich Einsparungen folgen. Nach Inbetriebnahme eines Skill-Management-Systems steht nach GRONAU/USLAR den Entwicklungskosten noch kein Gewinn gegenüber. Für Führungskräfte sind unter kostenspezifischen Gesichtspunkten folgende Fragen wichtig:

6.1.1 Aus welchen Positionen entstehen die Kosten eines Skill-Management-Systems?[105]

Aufgrund der verschiedenen Anwendungsbereiche eines Skill-Management-Systems können kaum fest definierte Positionen angegeben werden. Die Investitionskosten setzten sich aus den Entwicklungskosten zusammen, weitere Kosten wie die Systemeinführung und Schulung wachsen mit steigender Anwenderzahl. Zu beachten sind die schulungsbedingten Ausfalltage, durch die Arbeitszeit verloren geht.

Im Gegensatz zu den Investitionskosten sind die laufenden Kosten eines Skill-Management-Systems verhältnismäßig niedrig. Unter anderem fallen Wartungskosten, Personalkosten und Kosten für die Aktualisierung von Skillprofilen an.

Kosten sind im Gegensatz zu Einsparungen leichter zu berechnen. Durch den Einsatz eines Skill-Management-Systems wird bei der DaimlerChrysler AG im Durchschnitt pro Mitarbeiter fünf Minuten Arbeitszeit gespart. In Zahlen gefasst sind das im Schnitt ca. 227 Millionen Euro eingesparte Arbeitszeit.

---

[104] vgl. Gronau N., Uslar M., 2004, Arbeitsbericht WI
[105] vgl. Gronau N., Uslar M., 2004, Arbeitsbericht WI

6.1.2 Welche Einsparungen sind durch den Einsatz von Skill-Management-Systemen möglich?[106]

Nach GRONAU/USLAR kann die Weiterbildung der Mitarbeiter richtig gesteuert werden. Wissensdefizite eines Einzelnen werden richtig erkannt und überqualifizierte Personen werden nicht auf unnötige Schulungen geschickt werden.

Andererseits sinken die Kosten der Personalrekrutierung, gerade im Bereich der unternehmensinternen Stellensuche. Mit einer gezielten Suche im System können schnell die passenden Mitarbeiter gefunden werden, lange Bewerbungsgespräche und Verwaltungsarbeiten entfallen.

6.1.3 Welche Kosten würden dagegen bei nicht praktizierten Skill-Management anfallen?[107]

Auch hier können fest vordefinierte Größen nicht angegeben werden. Sicher ist jedoch dass ein unterqualifizierter Mitarbeiter mehr Kosten verursacht und weniger gewinnbringend arbeitet. Desweiter liegen die anfallenden Kosten für interne Stellenbesetzungen nach Schätzung 50 Prozent unter den externen Bewerbungsverfahren.

6.2 Problemfelder von Skill-Management-Systemen[108]

Wenn die Systemeinführung vorab nicht ganzheitlich konzipiert wurde können nach GRONAU/USLAR bei der Inbetriebnahme sieben Problemfelder auftauchen.

6.2.1 Strukturierungsgrad[109]

Oftmals wird den Benutzern von Skill-Management-Systemen die Option bereitgestellt im Fließtext ihre Daten einzupflegen. Dadurch wird das System aber sehr unstrukturiert und komplex. Damit Mitarbeiter ein übersichtliches System zur Verfügung haben und sich schnell darin zurechtfinden, muss die Datenbank strukturiert aufgebaut werden. Das bedeutet Daten werden in Kategorien erfasst und mit weiteren Unterkategorien ergänzt. Diese Methode bringt auch auf technischer Ebene Vorteile, da kategorisierte Daten besser verwaltet und wieder gefunden werden können.

---

[106] vgl. Gronau N., Uslar M., 2004, Arbeitsbericht WI
[107] vgl. Gronau N., Uslar M., 2004, Arbeitsbericht WI
[108] vgl. Gronau N., Uslar M., 2004 Arbeitsbericht WI
[109] vgl. Gronau N., Uslar M., 2004 Arbeitsbericht WI

6.2.2 Chancengleichheit[110]

Ein weiterer Schwerpunkt bei der Erstellung eines Kataloges sollte auf der Auswahl der zu erfassenden Skills liegen. Durch eine Nichterfassung zentraler Fähigkeiten besteht die Gefahr, dass Mitarbeiter bei der Gründung von Projektteams übergangen werden oder im Expertenverzeichnis unerwähnt bleiben.

Mit Blick in die Zukunft sollten auch Fähigkeiten, die gegenwärtig noch keine große Rolle spielen berücksichtigt und festgehalten werden.

6.2.3 Inhalte des Skillkataloges[111]

Die Auswahl der in einem Skillkatalog enthaltenen Stammdaten und Fähigkeiten sollte im Vorfeld abgeklärt werden. Da es erfahrungsgemäß kaum möglich ist Sozialkompetenzen unvoreingenommen zu bewerten, sollte zugunsten des Betriebsklimas auf ihren Einsatz verzichtet werden.

Zusätzlich ist eine Konzeption zur praxisorientierten Bewertung von Skills unerlässlich. Der Einsatz der richtigen Skalen trägt entscheidend zur Effizienz eines Systems bei und sollte im Voraus genau geplant werden.

6.2.4 Dateneingabe und Beurteilung[112]

Die Qualität und Aktualität von Daten entscheidet maßgeblich über den Erfolg oder Misserfolg eines Skill-Management-Systems. In diesem Zusammenhang stellt sich die Frage wer die Daten innerhalb eines Systems pflegt.

In der Praxis hat es sich bewährt, den Mitarbeitern die Eingabe und Aktualisierung eigener Daten zu überlassen. Ein positiver Effekt ist die daraus resultierende Kostenersparnis. Problematisch wird es jedoch durch Mitarbeiter, die gezielt Fähigkeiten verschweigen um beispielsweise nicht in unangenehme Projekte beordert zu werden. Die Folgen sind Lücken im System.

Eine weitere Beobachtung sind sogenannte Streuungsfehler. Werden Mitarbeiter durch ihre Vorgesetzten bewertet, kann dies oft vor einem subjektiven und von persönlichen Absichten geprägtem Hintergrund geschehen. Das Resultat sind zu schlechte respektive zugute Ergebnisse in der Beurteilung.

---

[110] vgl. Gronau N., Uslar M., 2004 Arbeitsbericht WI
[111] vgl. Gronau N., Uslar M., 2004 Arbeitsbericht WI
[112] vgl. Gronau N., Uslar M., 2004 Arbeitsbericht WI

6.2.5 Datenschutz[113]

Da Skilldatenbanken persönliche Daten führen, muss ein umfassender Schutz gewährleistet sein. Die Frage ob ein Zugriff nur unternehmensintern oder auch –extern erfolgt, entscheidet über die Art und Menge der freigegebenen Daten.

6.2.6 Aktualität der Daten[114]

Nach Inbetriebnahmen eines Skill-Management-Systems wird die Datenpflege vernachlässigt. Veraltet und dadurch wertlose Daten sind die Konsequenz. Die Aufmerksamkeit muss daher auf einer kontinuierlich geführten Aktualisierung der im System vorhandenen Daten liegen. Dies kostet Arbeitszeit ist aber maßgebend für die Effizienz und Akzeptanz eines Skill-Management-Systems.

6.2.7 Akzeptanz des Systems

Wenn die Anwendung auf Nutzerseite auf fehlende Akzeptanz trifft, kann das ganze Projekt zum Scheitern verurteilt sein. Hierbei hat sich bewährt das System als Entscheidungshilfe einzusetzen und nicht auf Mitarbeitergespräche zu verzichten. Dadurch wird die Systemakzeptanz erhöht, ein direkter Kontakt innerhalb des Unternehmens bleibt erhalten und Mitarbeiter fühlen sich nicht nur auf Kompetenzen und Nummern reduziert.[115]

Auch KÖNNECKER berichtet, dass Mitarbeiter im Vorfeld gegenüber Skill-Management-Systemen negativ eingestellt sind, aus Angst bestehende Defizite könnten aufgedeckt werden. Anfangs verunsichert diese Tatsache viele Mitarbeiter. Über gezielte Aufklärung muss das Vertrauen der Mitarbeiter gewonnen werden. Zwar ist das Ziel eines Skill-Management-Systems Defizite offen zulegen, aber diese werden durch Schulungsmaßnahmen und nicht durch negative Folgen für Mitarbeiter gelöst.[116]

---

[113] vgl. Gronau N., Uslar M., 2004 Arbeitsbericht WI
[114] vgl. Gronau N., Uslar M., 2004 Arbeitsbericht WI
[115] vgl. Gronau N., Uslar M., 2004 Arbeitsbericht WI
[116] vgl. Könnecker H., 2003, Seite 26

7   Praxisbeispiele

In diesem Kapitel werden zwei Beispiele aus dem Bereich des Skill-Managements vorgestellt. Das erste Praxisbeispiel untersucht die Wirtschaftlichkeit eines Skill-Management-Systems, das Zweite stellt ein heute häufig eingesetztes Skill-Management-System vor.

7.1   Praxisbeispiel im Bezug auf die Wirtschaftlichkeit eines Skill-Management-Systems

Im vorigen Kapitel wurde der Kostenaspekt von Skill-Management-Systemen sowie mögliche Probleme bei der Inbetriebnahme dargestellt. Festzuhalten bleibt, dass auch nach einer Systemeinführung nicht alle Wünsche und Erwartungen, beispielsweise eine vorab festgelegte Kostenreduktion eintreten werden.

Auch wurde schon erwähnt, dass eine gelungene Systemeinführung von vielen Faktoren abhängt und im Vorfeld einer individuellen Konzeption bedarf. Es existiert zwar kein Königsweg, aber das folgende Beispiel zeigt den wirtschaftlichen Nutzen eines Skill-Management-Systems in der Praxis.

7.1.1 Die Ausgangssituation[117]

Das Unternehmen, das als Beispiel dient, ist in der Finanzdienstleistungsbranche tätig und beschäftigt rund 5.000 Mitarbeiter, davon befinden sich etwa 400 Personen in einer Führungsposition. In Folge einer Überalterung der Führungskräfte hat der Betrieb sich zukünftig auf eine gruppenspezifische Gesamtfluktuation von circa 15 Prozent einzustellen.

Die Finanzdienstleistungsbranche ist gekennzeichnet durch komplexe Kernprozesse, zusätzlich besitzt das Unternehmen noch eine Reihe von spezifischen Verfahren und Geschäftsprozessen. Bei Bewerbungsverfahren haben Mitarbeiter des eigenen Unternehmens Vorrang. Sie benötigen eine geringere Einarbeitungszeit und besitzen im Gegensatz zu externen Bewerbern unternehmesspezifisches Fachwissen.

---

[117] vgl. Kreitmeier I., Rady B., Krauter M., 2000, Seite 81 -82

Das Unternehmen hat insgesamt 60 offene Stellen:

- Top-Management: 2 Stellen

- Mittleres Management: 30 Stellen

- Unteres Management: 28 Stellen

Das Unternehmen wird von einem Skill-Management-System unterstützt. Der Fokus dieses Systems liegt in erster Linie auf der Zusammenstellung von Projektteams, welches zusätzlich zur Personalsuche eingesetzt wird.

7.1.2 Die Durchführung[118]

Der Personalbedarf kann grundsätzlich auf zwei Weisen gedeckt werden: Es wird entweder mit Hilfe des Skill-Management-Systems unternehmensintern nach kompetenten Mitarbeitern gesucht und deren zusätzlicher Schulungsbedarf für die Stelle ermittelt, oder es werden extern auf dem Arbeitsmarkt nach passende Mitarbeiter geworben.

In diesem Fall entscheidet sich das Unternehmen, intern sowie extern nach kompetenten Mitarbeitern zu suchen. Alle Kosten werden exakt dokumentiert, um eventuelle Einsparpotentiale mit dem neuen Skill-Management-System faktisch darstellen zu können. Die Kostenvor- und Nachteile sind in der Tabelle 1 dargestellt.

Tabelle 1: Kostenaspekte interner und externer Rekrutierung[119]

	Interne Rekrutierung	Externe Rekrutierung
Vorteile	Keine Beschaffungskosten Geringe Einarbeitungszeit	Aktuelles Know-How bereits vorhanden (Kenntnisse über neue Technologien und Methoden)
Nachteile	Weiterbildungskosten (für neue Technologien und Methoden) Ausfallzeit durch Weiterbildung	Hohe Rekruierungskosten Einarbeitungszeit (Kernprozesse, unternehmensspezifische Verfahren und Abläufe) Betreuer für Einarbeitung

Die interne Personalbeschaffung wird über das Skill-Management-System und Personalgespräche erfolgen. Es werden Mitarbeiter gesucht, die entweder ohne

---

[118] vgl. Kreitmeier I., Rady B., Krauter M., 2000, Seite 82 - 83

[119] Tabelle: Kreitmeier I., Rady B., Krauter M., 2000, Seite 85

Schulungsbedarf oder nach passenden Weiterbildungsmaßnahmen den Anforderungen gerecht werden.

Daher wird zuerst der Nachfolge- und Skillpool des Skill-Management-Systems nach den Anforderungen entsprechenden Personen durchsucht. Im Anschluss werden Gespräche mit den passenden Kandidaten geführt.

Für die Suche auf dem Arbeitsmarkt werden insgesamt 35 Einzelanzeigen geschaltet, weitere 25 Stellen werden über den Personalberater vermittelt.

7.1.3 Die Kalkulation[120]

Um anfallenden Kosten zu berechnen werden die einzelnen Teilprozesse Rekrutierung, Einarbeitung und Entwicklung genau betrachtet. Der Bereich Rekrutierung wird unterteilt in die Kategorien Anzeigenerstellung, Konzipierung des Anforderungsprofils, Verwaltung der Bewerber, Suche mittels Personalberater und Vertragserstellung. Vertragsabänderung.

7.1.3.1 Die externe Personalbeschaffung[121]

Für die Anzeigenschaltung muss vorab ein Anforderungsprofil erstellt werden. Ebenso muss Zeit für Kontrollen und Korrekturen einkalkuliert werden.

Sobald die ersten Bewerbungen eingehen, fallen eine Reihe von administrativen Tätigkeiten an. Dazu gehören Sekretariatsaufgaben wie der Schriftverkehr, Telefonate, die Vorauswahl sowie die Terminabstimmung für persönliche Treffen. Pro Stelle ist in der ersten Bewerbungsrunde mit ungefähr sechs Gesprächen zu rechnen, die jeweils eine Stunde dauern und die Anwesenheit eines Personalbetreuers und einer Führungskraft vorraussetzen. Drei Bewerber werden nochmals zu einem zweiten, eineinhalbstündigen Gespräch eingeladen, das ebenfalls von einem Personalbetreuer und einer Führungskraft geleitet wird.

Der interne Verrechnungssatz einer Führungskraft oder eines Personalbetreuers liegt bei circa 700 Euro pro Arbeitstag.

Im aktuellen Fall bekommt der Personalberater die Aufgabe 25 Personen in der Führungsebene einzustellen. Für jede übernommene Führungskraft werden durch den Personalberater 30 Prozent des Jahresgehalts in Rechnung gestellt. Die Kosten für die Anzeigen werden separat nach Aufwand berechnet, in diesem Beispiel liegen die Kosten pro Anzeige bei 8.500 Euro.

---

[120] vgl. Kreitmeier I., Rady B., Krauter M., 2000, Seite 83 - 84
[121] vgl. Kreitmeier I., Rady B., Krauter M., 2000, Seite 83

Bei einer Neueinstellung fallen weitere administrative Tätigkeiten in der Vertragserstellung an. Hier liegt der interne Verrechnungssatz bei 600 Euro pro Arbeitstag.

Die Notwendigkeit einer Einarbeitung besteht nur bei neuen Arbeitnehmern, da sie kein Wissen über unternehmensinterne Abläufe besitzen. Das Unternehmen rechnet im Durchschnitt mit einer Einarbeitungsphase von einem halben Jahr. Die Effektivität eines Mitarbeiters beträgt in diesem Zeitraum laut eigenen Angaben circa 60 Prozent. Zusätzliche Kosten müssen im Betreuungsbereich einkalkuliert werden.

Einführungsseminare für neue Führungskräfte, um ihnen das Unternehmen, die Unternehmensphilosophie und das Unternehmensumfeld näher zu bringen, sind miteinzuberechnen.

7.1.3.2 Die interne Personalbeschaffung[122]

Die Tätigkeiten im Bereich der internen Personalbeschaffung beschränken sich in erster Linie auf die Erstellung von Anforderungsprofilen und die Personalrecherche im Skill-Management-System.

Mit dem erstellten Profil wird im Skillpool des Systems nach passenden Mitarbeitern gesucht. Pro Stelle werden sechs Bewerbungsgespräche einkalkuliert mit einer Dauer von jeweils einer Stunde. Die Gespräche werden von einem Personalbetreuer und einem Top-Manager geführt, der interne Verrechnungssatz liegt hier bei 700 Euro pro Arbeitstag.

Wenn intern eine neue Stelle besetzt wird fallen lediglich einfache Vertragsänderungen an. Der Arbeitsaufwand für die Änderungen beträgt maximal eine Stunde pro Vertrag.

Durch Qualifikationsmaßnahmen werden Mitarbeiter optimal auf die Stelle vorbereitet, dafür fallen Seminarkosten pro Mitarbeiter in Höhe von 7.500 Euro an, zuzüglich Reise- und Hotelkosten.

7.1.3.3 Die Systemkosten[123]

Die im Anhang (Kapitel 9.2) aufgeführte Kalkulation führt die Systemkosten nicht im Detail auf, da laut des Unternehmens das System nur zu 20 Prozent für Recherchezwecke genutzt wird und eine ausführliche Betrachtungsweise der Kosten an dieser Stelle dadurch nicht angebracht ist. Die Anwendung wird laut

---

[122] vgl. Kreitmeier I., Rady B., Krauter M., 2000, Seite 83 -84
[123] vgl. Kreitmeier I., Rady B., Krauter M., 2000, Seite 84

eigenen Angaben in der Hauptsache für die Konzipierung und Durchführung von Entwicklungsmaßnahmen eingesetzt.

Pro Jahr fallen für den technischen Betrieb (Netzkosten, Hardwareabschreibungen, Administration) Kosten in einer Höhe von ungefähr 60.000 Euro an. Die Systempflege und Anwenderbetreuung wird von einer Person durchgeführt, die die Hälfte ihrer Arbeitszeit dafür aufwendet. Für diese Arbeit werden circa 38.000 Euro einberechnet.

7.1.3.4 Auswertung und Schlussbetrachtung[124]

Aus der Kalkulation 9.2 wird ersichtlich, dass

> *eine gezielte Entwicklung der Mitarbeiter mit Hilfe des Skill-Management-Systems die Einsparungen von knapp 55 Prozent der Kosten ermöglicht (systemseitige Kosten nicht mitgerechnet).*[125]

So ist die Fokussierung auf eine interne Stellenbesetzung auch aus ökonomischer Sicht für dieses Unternehmen die beste Variante und durch die Kalkulation belegbar.

Gerade bei der Skillerfassung, -ablage, -archivierung sowie der Recherche nach bestimmten Wissenträgern kann durch das System viel Arbeitszeit eingespart werden.

Anhand dieses Beispielunternehmens lässt sich nachvollziehen, dass die Einsparpotentiale größtenteils im Bereich der Rekrutierung und Einarbeitung von Mitarbeitern liegen. Bei der internen Personalbeschaffung werden einerseits keine hohen Honorarkosten fällig, noch Einarbeitungsphasen, da Mitarbeiter vorab auf Schulungen bestens für die neue Stelle vorbereitet werden.

Trotzdem kann in der Praxis Personalbeschaffung nicht nur auf interner Ebene stattfinden, da bei Versetzungen die entstandene Personallücke oft nicht geschlossen, sondern sich verlagert wird.

Nach KREITMEIER/RADY/KRAUTER gibt es in der Praxis immer

> *Mischformen der Personalbeschaffung, [...] mit dem kombinierten Einsatz von interner und externer Personalbeschaffung werden aus beiden Formen die Vorteile genutzt:*[126].

---

[124] vgl. Kreitmeier I., Rady B., Krauter M., 2000, Seite 84
[125] Kreitmeier I., Rady B., Krauter M., 2000, Seite 84
[126] Kreitmeier I., Rady B., Krauter M., 2000, Seite 85

Tabelle 2: Vorteile interner und externer Personalbeschaffung[127]

Interne Personalbeschaffung	Externe Personalbeschaffung
- meist geringes Auswahlrisiko von Mitarbeiter	- größere Auswahl von Bewerbern
- Firmeninterne Karrieremöglichkeiten wirken motivierend	- Neue Ideen und Impulse von neuen Mitarbeitern
- vorhandene Regelungen und Gehaltsgefüge bleiben bestehen	- Ablehnung von externen Bewerbern hinterlässt keine betrieblichen Folgeerscheinungen

7.2 Praxisbeispiel: ETWeb™ Skill-Management[128]

Als Beispielanwendung für das Skill-Management wird das System ETWeb™ aus dem Hause ExecuTRACK vorgestellt.

Die Software Gruppe ExecuTRACK ist derzeit weltweiter Marktführer auf dem Gebiet des strategischen Personalmanagements. ExecuTRACK entwickelt und vermarktet seit vielen Jahren erfolgreich branchenunabhängige Anwendungen für den Bereich des Human Capital Managements.

Die Standardversion ETWeb™ Enterprise ist komplett web-basiert und lässt sich problemlos in die bestehende IT-Landschaft integrieren.

Das Unternehmen empfiehlt das System schematisch einzuführen, wobei nach eigenen Angaben die Systemeinführung im Allgemeinen nicht länger als drei Monate dauert.

Das folgende Schaubild zeigt die einzelnen Module, aus denen das System aufgebaut wird. Dabei ist auch zu erkennen, dass es sich hierbei nicht nur um ein abgekapseltes Skill-Management-System handelt. Die Standardversion liefert für sehr viele Bereiche aus dem Human Ressource Management und Wissensmangement Tools, damit Unternehmen ganzheitlich unterstützt werden können.

---

[127] Tabelle: Kreitmeier I., Rady B., Krauter M., 2000, Seite 82

[128] vgl. ExecuTRACK, Informationsbroschüre, 2006. Seiten 6, 7, 16, 17

Abbildung 15: Module von ETWeb™[129]

Die wichtigsten Funktionen von **ETWeb™** sind kurz unter der Abbildung 16 aufgelistet und können nach Wunsch in der Einführungsphase unternehmensspezifisch angepasst (customizing) werden.

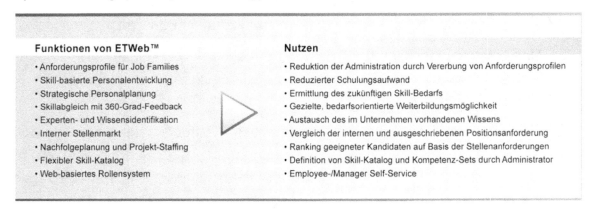

Abbildung 16: Funktionen von ETWeb™ Skill-Management[130]

Es kann aber auch problemlos nur ein Modul komplett eingesetzt und weiter mit Funktionen aus anderen Modulen ergänzt werden.

So besitzt beispielsweise das Modul *ETWeb™ Skill-Management* ein Rollensystem und ein Berichtssystem. Die Zusatzfunktionen können beliebig angepasst werden.

Weiter werden die grundlegenden Funktionen und zwei Zusatzfunktionen des *ETWeb™ Skill-Management* vorgestellt. Für detaillierte Informationen wird an

---

[129] Bildquelle: ExecuTRACK, Informationsbroschüre, 2006. Seite 4
[130] Bildquelle: ExecuTRACK, Informationsbroschüre, 2006. Seite 17

dieser Stelle auf die Firma ExecuTRACK verwiesen, die gerne weiteres Material zukommen lässt.

7.2.1 Das Rollensystem[131]

Das System baut auf dem Prinzip des rollenbasierten Self-Services auf. Drei Rollen sind vordefiniert, die individuell angepasst oder erweitert werden können.

Die *Personal-Rolle* ist das Grundgerüst für das Self-Service, hier sind alle Angestellten des Unternehmens aufgeführt und einige Rechte gleichberechtigt vordefiniert. Die Applikation ist web-fähig, das erlaubt des den Mitarbeitern von zu Hause oder bei Kundenbesuchen über ein Webbrowser auf das System zu-zugreifen. Ein sehr hoher Sicherheitsstandard schützt mit einer physisch getrennten Datenbank und Anwendungssebene im Web die sensiblen Daten.

Die *Manager-Rolle* sowie auch die *Mitarbeiter-Rolle* können jeweils individuell vom Administrator an die jeweiligen Gegebenheiten mit einer Rechtevergabe angepasst werden.

Tabelle 3: Rollenbasiertes Self-Service-System bei ETWeb™ Enterprise[132]

1. Personal-Rolle	2. Manager-Rolle	3. Mitarbeiter-Rolle
- Bedienung der Applikation über Web-Browser - dadurch jederzeit Zugriff auf eigene Daten - gemeinsame Datenbasis	- nicht nur eigene, sondern auch Daten der Mitarbeiter können betrachtet werden - Berichte und Vergleiche möglich	- Einsicht eigener Stammdaten - Selbstbewertungsfunktionalität

---

[131] Bildquelle: ExecuTRACK, Informationsbroschüre, 2006. Seite 9
[132] Tabelle: vgl. ExecuTRACK, Informationsbroschüre, 2006 Seite 9

In folgender Abbildung wird dargestellt wie eine Person in der Rolle „Manager"
seine Daten einsehen und bearbeiten kann.

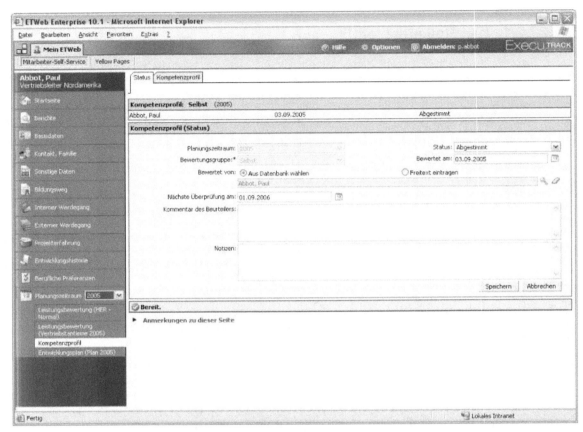

Abbildung 17: Kompetenzprofil im System[133]

7.2.2 Das Berichtssystem

Das aussagekräftige Berichtssystem hilft der Personalentwicklung frühzeitig
potentielle Kompetenzlücken der Mitarbeiter zu entdecken. Berichte können von
Mitarbeitern in der Rolle „Manager" erstellt werden. Zusätzlich zu tabellarischen
Abfragen könnte noch das Tool *„Talent Grid"* als Funktionalität zum Einsatz
kommen.

---

[133] Bildquelle: ExecuTRACK, 2006, Bild Kompetenzprofil

7.2.3 Zusätzliche Funktion: Talent Grid

In Abbildung 18 zeigt ein erstelltes „*Talent Grid*" die Skillverteilung aller Mitarbeiter auf.

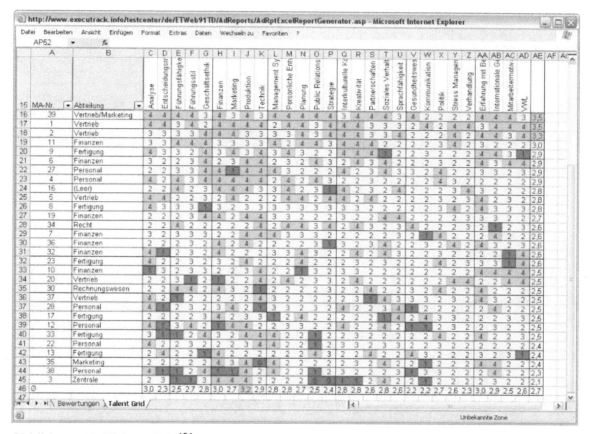

Abbildung 18: Talent Grid[134]

---

[134] Bildquelle: ExecuTRACK, 2006, Bild Talent Grid

7.2.4 Zusätzliche Funktion: Skillabgleich mit 360-Grad-Feedback

Das Ergebnis eines Soll-Ist-Abgleiches kann in einer Netzform ausgegeben werden. Das Beispiel zeigt die Skills eines potentiellen Mitarbeiters in rosa, die Stellenanforderung ist in dunkelblau dargestellt. Umso größer der Bereich zwischen den Linien, umso größer sind die Skill-Lücken.

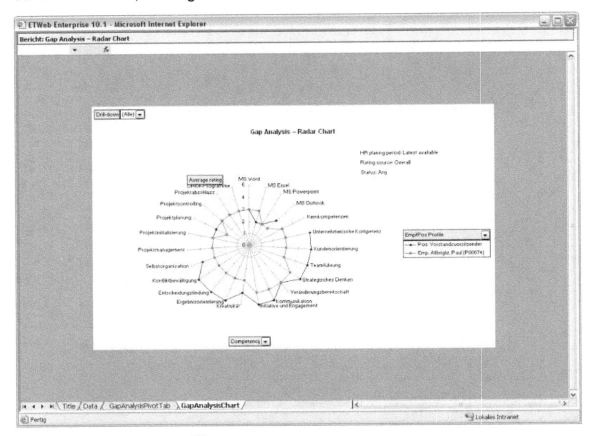

Abbildung 19: Skillabgleich[135]

7.2.5 Bewertung des Skill-Management-Systems ETWeb™[136]

Die Funktionsvielfalt und die Option zum Customizing machen das System sehr attraktiv für potentielle Kunden, die gerade in einer sich stetig wandelnden Geschäftsumgebung auf Flexibilität im System angewiesen sind. So Nachträglich können Tools ergänzt oder auch wieder entfernt werden. Das Unternehmen bietet darüber hinaus einen Service zur Anwenderbetreuung und informiert bei Wunsch regelmäßig über weitere Updates.

ExecuTRACK hat jahrelange Erfahrung auf dem Gebiet der Systemkonzeption, zahlreiche Anwenderstudien dokumentieren den erfolgreichen Systemaufbau sowie den Systemeinsatz.

---

[135] Bildquelle: ExecuTRACK, 2006, Bild Skillabgleich
[136] vgl. dazu auch die Homepage ExecuTRACK, 2006

8   Schlussbetrachtung

Über Skill-Management-Systeme können speziell dezentral aufgestellte Unternehmen, die sich über hoch qualifizierte Mitarbeiter definieren, entscheidende Wettbewerbsvorteile erlangen.[137]

Dazu zählen kürzere Reaktionszeiten bei dem Aufbau flexibler und effektiver Projektteams sowie die Möglichkeit einer Kostenreduktion durch die intern Personalbeschaffung. Dank besserer Transparenz können Qualifikationsdefizite rascher erkannt werden, wodurch eine gezielte Personalentwicklung möglich ist.[138]

Der Hauptkritikpunkt und zugleich Erfolgsfaktor eines Skill-Management-Systems ist die Aktualität der Skillkataloge. Obwohl diese für zukünftige Anforderungen Rückschlüsse zulassen sollten, liegen sie größtenteils vergangenheitsorientiert im System vor. Das liegt einerseits an einer erst im Rückblick möglichen Identifikation von Skills, häufig aber auch an einer mangelnden Bereitschaft der Mitarbeiter Skillkataloge regelmäßig zu aktualisieren. Die Folge ist ein veraltetes System, das den Erwartungen und dem versprochenen Systemnutzen nicht mehr gerecht werden kann.[139]

Der Schlüssel zur Lösung dieses Problems liegt in einer umfassenden Aufklärung der Mitarbeiter über Absichten und Nutzen der Anwendung. Jeder Mitarbeiter sollte selbst für die Pflege eigener Daten zuständig sein. Denn nur wenn ein System von einer motivierten Belegschaft getragen wird, kann es optimal funktionieren.[140]

Zusammengefasst betrachtet sehe ich das Skill-Management-System als ein wertvolles Hilfsmittel für Unternehmen, wenn die Anwendung nur als ein Unterstützungswerkzeug angesehen wird und nicht das zwischenmenschliche Agieren ersetzt. Ist die Arbeitsweise für Auswahlverfahren zu stark automatisiert, fühlt sich ein Mitarbeiter schnell als eine stumme Marionette des Unternehmens, die kategorisiert und skaliert in Datenbanken abgelegt und nur noch nach unpersönlichen, fest vordefinierten Rastern für Tätigkeiten ausgewählt wird.

---

[137] vgl. Kreitmeier I., Rady B., Krauter M., 2000, Seite 86
[138] vgl. Deiters W., Lucas R., Weber T., 2000, Seite 54 und Gronau N., Uslar M., 2004, Arbeitsbericht WI
[139] vgl. Gesellschaft für Technologieberatung und Systementwicklung, 2006

Unter Beachtung dieser Aspekte wird das System sicher auch in ferner Zukunft gerade bei dezentralen Organisationen weiter an Bedeutung zunehmen. Mitarbeiter, die über viel Fachwissen verfügen und standortübergreifend eingesetzt werden, können mit Unterstützung eines Skill-Management-Systems schnell ausfindig gemacht werden und auch ihre berufliche Weiterbildung gezielt gestalten.

---

[140] vgl. Gesellschaft für Technologieberatung und Systementwicklung, 2006

9 Anhang

9.1 Erfassung von Merkmalen / Soll- Ist-Vergleich im Skill-Management-System[141]

	SOLL Skill-Profil der Stelle	IST Skill-Profil des Mitarbeiters
Grunddaten (nominal- skalierte Daten) **(Freitext)**	**Stellenbeschreibung** - organisatorische Einbindung - Tätigkeitsbereich	**Mitarbeiterbeschreibung** - Stammdaten - Lebenslauf
Formale Bildung (kategorial- nominal skalierte Daten) **(z. B. vorhanden / nicht vorhanden)**	**Bildung** - Schulbildung - Studium - Ausbildung - Zusatzqualifikation	**Bildung** - Schulbildung - Studium - Ausbildung - Zusatzqualifikation
Skills (ordinalskalierte Daten) **(z. B. 1 bis 4)**	**Skillanforderungen** (in Vektorenform) **1** keine Kenntnisse **2** kaum Kenntnisse **3** gute Kenntnisse **4** sehr gute Kenntnisse	**Skilleignungen** (in Vektorenform) **1** keine Kenntnisse **2** kaum Kenntnisse **3** gute Kenntnisse **4** sehr gute Kenntnisse

Programmierkenntnisse	**1**	**2**	**3**	**4**	**1**	**2**	**3**	4
Datenbankkenntnisse	**1**	**2**	3	4	**1**	**2**	**3**	**4**
Sprachkenntnisse	**1**	**2**	3	4	**1**	**2**	3	4

---

[141] vgl. Beck S., 2005, Seite 148

9.2 Kostengegenüberstellung[142]

	Interne Personalbeschaffung		Externe Personalbeschaffung	
REKRUTIERUNG				
Anzeige	Für 60 zu besetzenden Stellen		Für 35 zu besetzenden Stellen	
Anzeigenschaltung			8.500 Euro je Anzeige	Gesamt:297.500 Euro
Anforderungsprofil / Anzeigenformulierung / Layout / Schaltung / Korrekturen	Je 1 Tag durch Personalsachbearbeiterin, interner Verrechnungssatz 600 Euro / Tag	Gesamt: 36.000 Euro	Je 1 Tag durch Personalsachbearbeiterin, interner Verrechnungssatz 600 Euro/Tag	Gesamt: 21.000 Euro
Bewerberverwaltung	Für 60 intern ausgeschriebene Stellen		Für 35 extern ausgeschriebene Stellen	
Gesamter administrativer Aufwand[**]		360.000 Euro		Gesamt:210.000 Euro
Personalberater			Für 25 neue Mitarbeiter	
Honorar			30 % des Jahresgehaltes von 75.000 Euro zzgl. Auslagen	Gesamt: 562.500 Euro
Anzeigen			8.500 EUR je Anzeige	Gesamt:212.500 Euro
Vertrag	Für 60 Mitarbeiter		Für 60 neue Mitarbeiter	
Vertragsänderung / Vertragserstellung und gesamter Administrationsaufwand	2 Std durch Personalsachbearbeiterin, interner Verrechnungssatz 600 Euro/Tag	Gesamt: 9.000 Euro	4 Std. durch Personalsachbearbeiterin, interner Verrechnungssatz: 600 Euro / Tag	Gesamt: 18.000 Euro
EINARBEITUNG			Für 60 neue Mitarbeiter	
Einarbeitungszeit			6 Monate mit 60 % Arbeitsleistung = 15.000 Euro	Gesamt: 900.000 Euro
Betreuungskosten			5 Arbeitstage ein Betreuer, interner Verrechnungssatz: 600 Euro / Tag	Gesamt: 180.000 Euro
ENTWICKLUNG	Für 60 Mitarbeiter		Für 60 Mitarbeiter	
Seminarkosten	10 Tage pro Jahr Seminar: 7.500 Euro (1 Tag = 600 Euro);	Gesamt: 450.000 Euro	Einführungsseminar 1 Tag zu 750 Euro	45.000 Euro
Reisekosten und Hotelübernachtung	1.500 Euro	Gesamt: 90.000 Euro		
Ausfallzeit	10 Seminartage pro Jahr interner Verrechnungssatz: 700 Euro = 7.000 Euro	Gesamt: 420.000 Euro	1 Tag interner Verrechnungssatz 700 Euro	Gesamt: 42.000 Euro
Gesamtkosten		1.365.000 Euro		2.488.500 Euro

---

[142] Kreitmeier I., Rady B., Krauter M., 2000, Seite 85 (Beträge alle in Euro umgerechnet)

[**] Systemkosten nicht mit aufgeführt, die Bewerberverwaltung bezieht sich auf weitere administrativen Tätigkeiten – ausgeschlossen der Systempflege und –verwaltung. Eine detaillierte Aufführung der Kosten sind für diese Position nicht verfügbar.

Literaturverzeichnis

Al-Laham, A. (2003): Organisationales Wissensmanagement. Verlag Franz Vahlen GmbH.

Beck, S. (2005): Skill-Management. Konzeption für die betriebliche Personalentwicklung. Deutscher Universitäts-Verlag, 1. Auflage April 2005.

Biesalski, E., Abdecker, A. (2006): Konferenzbeitrag: Similarity Measures for Skill-Profile Matching in Enterprise Knowledge Management, http://www.ernst-biesalski.de. (Datum des Zugriffs: 10.08.2006).

Busch, C. (2002a): Damit wir wissen, was wir wissen. In: CoPers, Heft 2/2002. http://www.executrack.de/de/pdf/damit_wir_wissen_was_wir_wissen.pdf (Datum des Zugriffs: 10.08.2006).

Busch, C. (2002b): Prozessentwurf eines internet-basierten Personalinformationssystems. Essen 2002.

DATACOM Buchverlag GmbH (2006): IT-Wissen. Das große Online-Lexikon für Informationstechnologie. Verteilte Datenbank. http://www.itwissen.info/definition/lexikon//_ddbddb_ddbdistributed%20databaseddb_ddbverteilte%20datenbank.html. (Datum des Zugriffs: 18.8.2006).

Deiters, W. / Lucas, R. / Weber, T. (1999): Skill Management: Ein Baustein für das Management flexibler Teams. In: Frauenhofer ISST-Bericht 50/99, Dortmund, November 1999.

Deiters, W. / Lucas, R. / Weber, T. (2000): Skill Management: Ein Baustein für das Management flexibler Teams. In: IM-Die Fachzeitschrift für Informationsmanagement. 3/2000.

ExecuTRACK GmbH (2006): Informationsbroschüre: ExecuTRACK Solutions. Angefordert über: http://www.executrack.de. Am 28.08.2006. Per E-Mail erhalen.

ExecuTRACK GmbH (2006): Weblinks zu den Bildquellen. Alle abgerufen am 30.08.2006:

Bild Kompetenzprofil, http://www.executrack.de/de/solutions_skillmgmt.html.

Bild Talent Grid http://www.executrack.de/de/solutions_excelreport.html.

Bild Skillabgleich http://www.executrack.de/de/solutions_excelreport.html.

Föcker, E. (2001): Werkzeuge des Wissensmanagements. In: Wissensmanagement. Heft 2/2001.

Fraunhofer IESE (2006a): Glossareintrag – Skala. http://www.software-kompetenz.de/?10063. (Datum des Zugriffs: 14.08.2006).

Fraunhofer IESE (2006b): Glossareintrag – empirische Relation. http://www.software-kompetenz.de/?10063. (Datum des Zugriffs: 14.08.2006).

Gebert, H. / Kutsch, O. (2003): Potenziale des Skill-Management. In: Wirtschaftsinformatik 45. Heft 45/2003.

Gesellschaft für Technologieberatung und Systementwicklung (2006): Kritik der Umsetzungen. http://www.tse-hamburg.de/Papers/Personal/SkillManagement.htm. (Datum des Zugriffs: 28.08.2006).

Gronau, N. / Föming, J. / Schmid, S. (2006): Skill Management. In: PERSONAL. Heft 02/2006.

Gronau, N. / Uslar, M. (2004): Skill-Management: Anwendung und Erfahrungen. Personalführung, 10. In: Arbeitsbericht WI. 2004-13.

ILTIS GmbH. (2006): Skill-Management: Wettbewerbsvorteile – Mitarbeiterwissen. http://www.4managers.de/index.php?id=366. (Datum des Zugriffs: 08. August 2006).

Könnecker, H. (2003): Benötigte Skills zur richtigen Zeit am richtigen Ort bereitstellen. In: Wissensmanagement, Heft 02/2003.

Kreitmeier, I. / Krauter, M. (1997): Hilfe, wer kennt sich denn da aus? In: Notes Magazin, Heft 2/1997, Sonderausgabe. Heruntergeladen von: http://www.hr-solutions.de/inside07.html Datum des Zugriffs: 20.08.2006

Kreitmeier, I. / Rady, B. / Krauter, M. (2000): Notes Domino effektiv nutzen – Groupware in Fallstudien / Potentiale von Skill-Management-Systemen. Heruntergeladen von: http://www.hr-solutions.de/inside07.html (Datum des Zugriffs: 17. Juni 2006)

Kremer, R. (2004): Die Basis für eine effektive Projekteinsatzplanung schaffen. In: Wissensmanagement. Heft 05/2004.

Landesbeauftragte für Datenschutz und Informationsfreiheit NRW (2006): http://www.lfd.nrw.de/fachbereich/fach_8_2_6.htm. (Datum des Zugriffs: 17.08.2006)

LernStats (2006a): Glossar: Nominalskala. http://www.lernstats.de/web/php/glossar.php?sub=&glossar=nominalskala. (Datum des Zugriffs: 15.08.2006).

LernStats (2006b): Glossar: Ordinalskala. http://www.lernstats.de/web/php/glossar.php?sub=&glossar=ordinalskala. (Datum des Zugriffs: 15.08.2006).

Mülder, W. (1998): Entwicklungstrends bei computergestützten Personalinformationssytemen. In: Personal. Heft 11/1998.

North, K. (2002): Wissensorientierte Unternehmensführung Wertschöpfung durch Wissen. Gabler. 3. Auflage. Oktober 2002.

Pieler D. / Schuh M. (2003): Mit Skill-Management die richtige Aufstellung für die Zukunft realisieren. In: Wissensmanagement. Heft 02/2003.

Rumpf, H. (1981): Personalbestandsplanung mit Fähigkeitsvektoren. Verlag Fischer. Frankfurt/Main.

Rumpf, H. (1991): Computergestützte Personalentwicklung in mittelständischen Unternehmen. In: Zeitschrift für Personalforschung. Heft 2 / 1991.

Schmidt-Lauff, S. (1999): Kooperationstechnologien in der betrieblichen Weiterbildung:Unternehmen und Bildungsanbieter als Partner?. München, Mering:Hampp, 1999.

Sure, A. Maedche, S. Staab. (2000): Leveraging corporate skill knowledge - From ProPer to OntoProper. In: D. Mahling and U. Reimer, editors, Proceedings of the Third International Conference on Practical Aspects of Knowledge Management. Basel, Switzerland, October 2000. http://www.aifb.uni-karlsruhe.de/Publikationen/showPublikation?publ_id=510 (Datum des Zugriffs 10.08.2006).

Zobel, J. (2003): Zielgerichtete Skill-Entwicklung braucht Wissensmanagement. In: WI-Wissensmanagement. Heft 02/2003.

134.106.51.238 (2006): Ontologie (Informatik). http://de.wikipedia.org/wiki/Ontologie_%28Informatik%29. (Datum des Zugriffs: 15.08.2006).